मेरी जेल यात्रा : एक कहानी

मेरी जेल यात्रा : एक कहानी

संजय मोहन

Nine
BOOKS

4695, 21-ए, दरियागंज, नयी दिल्ली 110 002

फ़ोन : +91 11 23273167 फ़ैक्स : +91 11 23275710

sales@vaniprakashan.in

MERI JAIL YATRA : EK KAHANI
by Sanjay Mohan

ISBN : 978-93-5229-661-3
Autobiography

प्रथम संस्करण
मूल्य : ₹150

सिटी प्रेस, दिल्ली-110 095 में मुद्रित

नाइन बुक्स, वितरक वाणी प्रकाशन, सहयोगी संस्था

जीवनसंगिनी सरोज को
जिसने इतने चुनौतीपूर्ण समय का सामना
चट्टान की तरह किया,
मेरे बच्चों की रक्षा की और
मुझे जीने की प्रेरणा दी।

दो शब्द

1965 में जब मैं कक्षा 9 का छात्र था बच्चों की 'नंदन' नाम की एक पत्रिका प्रकाशित होती थी जिसमें बच्चों को पत्रिका में प्रकाशित एक चित्र देखकर एक कहानी लिखनी होती थी। मेरे द्वारा रचित कहानी को प्रथम पुरस्कार के रूप में चयनित किया गया और इसके लिए मुझे मेरी कहानी के पत्रिका में प्रकाशन के साथ-साथ 15 रुपये का पारितोषिक भी प्राप्त हुआ। एक लेखक के रूप में मेरा प्रथम अनुभव मात्र इतना था।

आप सोच रहे होंगे कि अचानक 50 वर्षों बाद मुझे लेखक बनने की आवश्यकता क्यों आन पड़ी? आपको यह जानकर कदाचित् आश्चर्य होगा कि इस पुस्तक के लेखन का कार्य मेरे द्वारा जिला कारागार लखनऊ की एक बैरक में विचाराधीन बन्दी के रूप में एक फट्टे (फर्श पर बिछे बिस्तर) पर बैठकर प्रारम्भ किया गया था। इस बैरक में मेरे अगल-बगल अपने-अपने फट्टे पर विराजमान अन्य बन्दी थे जो प्रथम दृष्टया सर्प एवं नाग जैसे दिखते थे। इनके साथ कुछ दिन रहने के बाद पता चलता है कि इनमें से कुछ बेहद विषैले, कुछ विषैले और कुछ पानी वाले हैं। पुलिस की बर्बरता और सिस्टम की खामियों की वजह से अनेक निर्धन मासूम निर्दोष बन्दी भी थे जिनकी संख्या सबसे अधिक थी।

इस पुस्तक में मेरी जेल यात्रा का जो वर्णन आपको पढ़ने को मिलेगा उसको पढ़कर आपको मेरी वेदना की अनुभूति होगी। मेरी व मेरे परिवार की यही वेदना इस पुस्तक के लिखने का कारण बनी। इस पुस्तक का लेखन मेरी विवशता बन गया था क्योंकि राजनीतिक विद्वेष और मेरे विरुद्ध कूटरचित ढंग से रचे

गये षड्यन्त्रों ने मेरे तथा मेरे परिवार को नेस्तनाबूद करने में कोई कसर नहीं छोड़ी थी।

राजनेता भले ही सत्ता पर काबिज रहने का लोभ संवरण न कर पाने के कारण प्रदेश को उत्तम प्रदेश बनने का ढोंग रचकर जनता को बार-बार बेवकूफ बनाने का प्रयास कर रहे हो, पर वास्तविकता यह है कि जनता का मित्र होने का दावा करने वाली यूपी पुलिस राजनेताओं के इशारों पर काम करती है। राजनेताओं को अपने राजनीतिक प्रतिद्वन्द्वियों को परास्त करने में पुलिस की सहायता लेने से गुरेज नहीं रहता। मेरी जेल यात्रा की कहानी एक ऐसी कहानी है जो यह दर्शाती है कि राजनेताओं के समक्ष नतमस्तक न होने पर कैसे फर्जी मुकदमों में फँसाकर किसी को जेल की हवा खिलाकर प्रताड़ित किया जा सकता है।

मेरी इस जेल यात्रा की कहानी में आपको यह पढ़ने को मिलेगा कि राजनेताओं के इशारों पर पुलिस द्वारा मेरे व मेरे परिवार के साथ जो बर्बरतापूर्ण व्यवहार और अत्याचार किया गया वह एक भयानक त्रासदी से कम न था। पुलिस इंस्पेक्टर दिनेश त्रिपाठी के नेतृत्व में बार-बार मेरे घर में घुसकर महिलाओं को धमकाने और अपमानित करने का सिलसिला थमने का नाम नहीं ले रहा था। रात में दो बजे धर की घंटी बजती थी तो पता चलता था निशातगंज चौकी के पुलिस के सिपाही यह कहने आये हैं कि मेम साहब से पूछो कुछ खर्चा मिलेगा क्या? वरिष्ठ नौकरशाहों के दबाव में पुलिस का यह निरंकुश चेहरा कम से कम मेरे लिए बेहद अप्रत्याशित था। जब मेरे तथा मेरे परिवार पर लम्बे समय से हो रहे जुल्मों के कारण धैर्य ने मेरा साथ छोड़ दिया तब मैंने अपने दर्द को पुस्तक का रूप देने का निर्णय लिया। सहज ही फ़िल्म 'मुग़ले आजम' का यह संवाद याद आ जाता है, जो शहज़ादे 'सलीम' ने 'अनारकली' के प्रति उसके असीम प्रेम का 'अकबर' द्वारा विरोध करने पर उसने अकबर से कहा था जहाँपनाह आपको अपने जुल्म और मेरे ज़ब्त की एक हद मुकर्रर करनी होगी।

आप नीचे लिखे विवरण को मेरे द्वारा अपने विषय में 'स्वरचित

प्रशस्ति पत्र' का आरोप मेरे विरुद्ध लगा सकते हैं तथा यह सोच सकते हैं कि मैंने 'आत्ममुग्ध' होकर यह लिखने की धृष्टता की है। मेरी विवशता यह है कि निरपराध और निर्दोष को सताने वाले और अपने धन-बल से कानून के नुमाइंदों को मुट्ठी में बन्द कर लेने का सामर्थ्य रखने वाले ऊँची पहुँच वाले व्यक्तियों के द्वारा प्रायोजित उत्पीड़न के सन्दर्भ में मेरे बीते हुए कल का उल्लेख करना आवश्यक प्रतीत होता है।

1976 से 2012 तक मैं शासकीय सेवक के रूप में शिक्षा विभाग में कार्यरत रहा और जिला, मण्डल तथा प्रदेश स्तर पर विभिन्न पदों पर कार्य किया। इसे मैं अपना सौभाग्य मानता था कि लगभग 36 वर्ष के शिक्षा विभाग के कार्यालय में 11 वर्ष से अधिक अवधि तक प्रदेश के शिक्षा विभाग के सर्वोच्च पद पर सेवा करने का मुझे सुअवसर मिला था। बेसिक शिक्षा, माध्यमिक शिक्षा, राज्य शैक्षिक अनुसन्धान एवं प्रशिक्षण परिषद् तथा साक्षरता के निदेशक के रूप में अपनी सीमित क्षमता के अन्तर्गत रहते हुए मेरे द्वारा पूरी निष्ठा से कार्य करने का सतत प्रयास किया गया। लगभग 7 वर्ष तक विश्व बैंक पोषित तथा भारत सरकार की वित्तीय सहायता से संचालित विभिन्न योजनाओं की सरंचना तथा क्रियान्वयन के दायित्व का निर्वहन किया। प्रदेश सरकार ने मुझे इस योग्य समझा कि लीड्स विश्वविद्यालय, इंग्लैंड में 'प्रोजेक्ट मैनेजमेंट' के तीन माह के कोर्स के लिए मुझे नामित किया। इंटरनेशनल इंस्टीट्यूट ऑफ एजूकेशनल प्लानिगं (आई.आई.ई.पी.) पेरिस, फ्रांस तथा इंटरनेशनल ब्यूरो ऑफ एजूकेशन, जेनेवा (स्विट्जरलैंड) का भ्रमण मेरे शैक्षिक प्रबन्धन के ज्ञान में अभिवृद्धि करने में सहायक बने। मुझे विश्व बैंक द्वारा कोलंबिया (लेटिन अमेरिका) में संचालित हो रहे 'न्यू स्कूल प्रोग्राम' का अध्ययन करने के लिए भारत से जाने वाली टीम का सदस्य बनने योग्य समझा गया।

भारत स्काउट एवं गाइड एक अन्तर्राष्ट्रीय एन.जी.ओ. है जिसका उद्देश्य स्कूली बच्चों में नैतिक व मानवीय मूल्यों को

विकसित करने के साथ-साथ उनमें देश प्रेम और सेवाभाव जाग्रत करना है।

वर्ष 2002 में उत्तर प्रदेश में इस संस्था की कमान प्रादेशिक मुख्य आयुक्त के रूप में मेरे हाथ में आयी। पूरे प्रदेश के स्कूलों में स्काउटिंग/गाइडिंग की गतिविधियाँ समाप्त प्रायः हो रही थीं और इस संस्था में वर्षों से कार्यरत वैतनिक कर्मचारी बँधुआ मजदूरों से बदतर वेतन भत्ते पाकर संस्था के प्रति जी जान से समर्पित होने के बावजूद अपने परिवार के भरण पोषण की संघर्षपूर्ण चुनौती का सामना कर रहे थे। मेरे प्रयासों से संस्था के वैतनिक कर्मचारियों के वेतन/भत्तों में 2 गुना से ज्यादा वृद्धि हो गयी। पूरे प्रदेश के स्कूलों में कार्यकर्ताओं के बढ़े मनोबल की बदौलत स्काउटिंग/गाइडिंग के क्रियाकलाप पुनर्जीवित होने लगे। लगभग 12 वर्षों तक संस्था के प्रादेशिक मुख्यायुक्त के रूप में मुझे सेवा करने का अवसर मिला। वर्तमान में भी इस संस्था के प्रादेशिक अध्यक्ष के रूप में जुड़ा हुआ हूँ। संस्था के प्रति मेरे अत्यन्त असाधारण योगदान के लिए स्काउटिंग के देश में सबसे बड़े सम्मान सिल्वर ऐलीफैंट से राष्ट्रपति स्व. डॉ. ए.पी.जे. अब्दुल कलाम द्वारा मुझे सम्मानित किया गया। यह सम्मान प्राप्त करने वाला उत्तर प्रदेश का मैं पहला नागरिक था। जकार्ता (इण्डोनेशिया) तथा बैंकाक (थाईलैण्ड) में आयोजित अन्तर्राष्ट्रीय कार्यशालाओं में देश का प्रतिनिधित्व करने का गौरव भी मुझे प्राप्त हुआ।

इस पुस्तक में मेरी जेल यात्रा के साथ-साथ उत्तर प्रदेश के वर्तमान हालात का भी विश्लेषण करने का प्रयास किया गया है। प्रदेश के राजनेताओं और नौकरशाहों की वर्तमान कार्य संस्कृति को भी अपने अनुभव के आधार पर इस पुस्तक में दर्शाने का प्रयास किया है। आप यह मान सकते हैं कि इनके बारे में मेरा आकलन, अवधारणाएँ एवं विचार इनमें दोष निकालने की भावना से ग्रस्त हैं पर मेरा प्रयास मात्र इतना है कि इनके प्रति आम धारणा को बदला जा सका।

अनुरोध है कि मेरी इस पुस्तक का कोई राजनीतिक अर्थ न

निकाला जाये। यह पुस्तक आलोचनाओं का पुलिन्दा मात्र नहीं है अपितु इसमें जनता की नब्ज पहचाने बिना और उनकी अपेक्षाओं व आकांक्षाओं को अनदेखा करने वाले नीतिकारकों को अपनी सोच को स्वच्छ करने व वास्तविकता के धरातल पर लाने की सलाह भी है, ताकि ऐसी नीतियाँ व योजनाएँ बनें जिनका सीधा लाभ नेताओं को चुनाव जिताने के स्थान पर जनता को मिले।

विधायिका और कार्यपालिका के भ्रष्टाचार में आकंठ डूबे होने के कारण जब जनता त्राहि-त्राहि कर रही हो तो उम्मीद की एक किरण के रूप में न्यायपालिका ही दिखती है। इसलिए न्यायपालिका के सम्बन्ध में पूर्ण आस्था व सम्मान रखते हुए उसके सम्बन्ध में भी अपने जेल के अनुभव के आधार पर कुछ शब्द लिखने की भी कोशिश की है। न्यायपालिका के प्रति मेरी अगाध व अटूट निष्ठा सदैव मेरा सबसे बड़ा सम्बल रहे हैं।

अब पाँच साल पुराने हो चले मेरे इस संघर्ष में जिन लोगों ने मेरा और मेरे परिवार का साथ दिया, वह गिने चुने ही हैं। मेरे दामाद धीरज ने इलाहाबाद, दिल्ली और लखनऊ के न्यायालयों में जिस निष्ठा, कर्मठता और तत्परता से मेरे मुकदमों की पैरवी की उसकी कोई दूसरी मिसाल मिलनी कठिन है। उसी की बदौलत मैं आज आजादी की साँस ले पा रहा हूँ। अपने बच्चों को धन्यवाद नहीं दिया जाता पर उनके साथ सदैव मेरी दुआ और आशीर्वाद है। मेरे अत्यन्त कठिन दिनों में मेरा साथ देने के लिए सर्वश्री अरुण गर्ग, सुनील चौधरी, बी.एन. पाण्डेय, श्याम सुन्दर अग्निहोत्री और राना रिषेन्द्र के प्रति हृदय से आभार व्यक्त करता हूँ।

लखनऊ **संजय मोहन**

अनुक्रम

मेरी जेल यात्रा : एक कहानी

मैं 8 फरवरी 2012 से 13 जून 2013 तक जिला कारागार कानपुर देहात तथा 18 अगस्त 2015 से 11 अगस्त 2016 तक जिला कारागार लखनऊ में विचाराधीन बन्दी के रूप में निरुद्ध रहा। 2 वर्ष से अधिक के जेल प्रवास में मुझे दो-दो बार गर्मी-सर्दी और वर्षा ऋतु का सामना अत्यन्त प्रतिकूल परिस्थितियों में करना पड़ा। जेल की बैरक में दीवार नहीं होती है अपितु लोहे के जंगले लगे होते हैं। मई-जून की भीषण गर्मी में लू के थपेड़ों का तो शीतकाल में ठंडी हवाओं के झोंकों का मुझे सामना करना पड़ा। भीषण बारिश के मौसम में पानी की बौछारों से दो-चार होना आम बात थी। बैरक में मच्छर-मक्खी के साथ-साथ मोटे-मोटे चूहों ने अपना अड्डा बना रखा था जिनके बीच जीवन व्यतीत करना आसान न था। प्रत्येक लगभग 15 दिन में पुलिस की गाड़ी से अन्य बन्दियों के साथ जिला न्यायालय जाने में जिस कठिन व अपमानजनक स्थिति का सामना करना पड़ता था उसको कदाचित् मेरे से बेहतर कोई नहीं समझ सकता।

इधर मैं कारागार में निरुद्ध था उधर दिनेश त्रिपाठी तत्कालीन पुलिस इंस्पेक्टर अकबरपुर, कानपुर देहात के नेतृत्व में मेरे परिजनों और परिचितों को पुलिस बर्बरता का सामना करना पड़ रहा था। गिरफ्तारी का भय दिखाकर दिनेश त्रिपाठी ने मेरे परिजनों और परिचितों से लाखों रुपये वसूलने शुरू कर दिये। मेरे अनेक मित्रों तथा परिचितों ने गिरफ्तारी से बचने के लिए लखनऊ से बाहर अन्य स्थानों पर पलायन कर दिया। मेरी पुत्रबधू इन दबावों को सहन न कर सकी और उसके पेट में पल रहे 7 माह के शिशु का

गर्भपात हो गया। एक विभागाध्यक्ष के परिजनों से पुलिस का यह अमानवीय कृत्य क्या बिना राजनीतिक संरक्षण के सम्भव था?

मेरी जेल यात्रा की कहानी प्रारम्भ करने के पूर्व कतिपय पुरानी घटनाओं का उल्लेख करना आवश्यक है ताकि आप यह समझ सकें कि विद्वेष और राजनीतिक प्रतिशोध के बीज कैसे अंकुरित होते हैं और बाद में यह षड्यन्त्र का रूप लेकर कितने घातक और मारक बन जाते हैं।

वर्ष 2007 से 2012 तक प्रदेश में बहुजन समाज पार्टी की सरकार थी। भारत सरकार ने प्राथमिक विद्यालयों में अध्यापकों की नवीन नियुक्ति हेतु शिक्षक पात्रता परीक्षा (T.E.T.) उत्तीर्ण करना अनिवार्य कर दिया था। उत्तर प्रदेश में बेसिक शिक्षा परिषद् के नियन्त्रणाधीन चल रहे प्राथमिक विद्यालयों में 72 हजार से ज्यादा सहायक अध्यापक के पद रिक्त थे। तत्समय प्रचलित अध्यापकों की भर्ती नियमावली में प्राथमिक विद्यालयों में सहायक अध्यापकों की नियुक्ति हेतु हाईस्कूल, इण्टर, स्नातक तथा प्रशिक्षण परीक्षा के प्राप्तांकों के आधार पर शिक्षकों की नयी भर्तियाँ करने का नियम था। अचानक एक दिन तत्कालीन कैबिनेट सचिव शशांक शेखर सिंह ने अपने कार्यालय कक्ष में एक बैठक बुलाई जिसमें माध्यमिक तथा बेसिक शिक्षा विभाग के मन्त्रीगण, सचिव तथा निदेशकों को प्रतिभाग करने के लिए कहा गया था। माध्यमिक शिक्षा मन्त्री के अतिरिक्त शेष सभी ने बैठक में भाग लिया। कैबिनेट सचिव ने बैठक में आते ही बिना किसी विचार-विमर्श के यह निर्णय सुना दिया कि अब प्राथमिक विद्यालयों में सहायक अध्यापकों की नियुक्ति शिक्षक पात्रता परीक्षा में प्राप्त अंकों की मेरिट के आधार पर होगी। कैबिनेट सचिव की शासन पर पकड़ और धाकड़ कार्यशैली से सभी परिचित थे इसलिए बहुत चाहते हुए भी इस निर्णय का विरोध करने का साहस कोई नहीं दिखा सका। उन्होंने निदेशक, बेसिक शिक्षा को अत्यन्त कठोर शब्दों में चौबीस घण्टों में नियमावली में संशोधन कराने के निर्देश भी दिये गये। निदेशक, माध्यमिक शिक्षा होने के नाते यह निर्णय प्रत्यक्ष रूप से

मुझसे सम्बन्धित नहीं था। शासन द्वारा दिनांक 9 नवम्बर 2011 को अधिसूचना जारी करके अध्यापकों की भर्ती नियमावली में संशोधन कर शिक्षक पात्रता परीक्षा में प्राप्त अंको को नियुक्ति हेतु चयन का आधार बना दिया।

7 सितम्बर 2011 को शासन ने यह निर्देश दिये कि आगामी शिक्षक पात्रता परीक्षा माध्यमिक शिक्षा परिषद् उत्तर प्रदेश द्वारा कराई जायेगी। माध्यमिक शिक्षा परिषद् प्रतिवर्ष प्रदेश में हाईस्कूल तथा इण्टरमीडिएट परीक्षा कराती है जिसमें लगभग 60-65 लाख परीक्षार्थी परीक्षा में सम्मिलित होते हैं। माध्यमिक शिक्षा विभाग द्वारा शिक्षक पात्रता परीक्षा का आयोजन माध्यमिक शिक्षा परिषद् से कराये जाने का पुरजोर विरोध किया गया था जिसका सम्पूर्ण विवरण तत्कालीन माध्यमिक शिक्षा मन्त्री की टिप्पणी सहित शासन की पत्रावली में आज भी उपलब्ध है। नियमतः यह कार्य बेसिक शिक्षा विभाग का था पर फिर भी न जाने क्यों यह कार्य माध्यमिक शिक्षा विभाग से कराने का निर्णय लिया गया।

इस शिक्षक पात्रता परीक्षा के आयोजन हेतु सचिव, बेसिक शिक्षा, उत्तर प्रदेश शासन की अध्यक्षता में एक समिति का गठन किया गया। जिसमें निदेशक, माध्यमिक शिक्षा को निदेशक, बेसिक शिक्षा तथा निदेशक, राज्य शैक्षिक एवं अनुसन्धान परिषद् के साथ सदस्य नामित किया गया था। सचिव, माध्यमिक शिक्षा परिषद् को इस समिति का सदस्य-सचिव बनाया गया था।

माध्यमिक शिक्षा अधिनियम, 1921 में यह व्यवस्था है कि निदेशक, माध्यमिक शिक्षा पदेन माध्यमिक शिक्षा परिषद् के सभापति होंगे। सचिव, माध्यमिक शिक्षा परिषद् द्वारा स्वतन्त्र रूप से परीक्षा सम्बन्धी सभी कार्यों का निष्पादन किया जाता है। उदाहरण स्वरूप हाईस्कूल तथा इण्टर की परीक्षाओं के प्रश्नपत्र कहाँ और किससे मुद्रित कराये जायेंगे इसका निर्णय स्वयं सचिव द्वारा लिया जाता है। सभापति को भी यह पता नहीं होता है कि प्रश्नपत्र कहाँ से छपवाये

जा रहे हैं जबकि मुद्रण की दरों का अनुमोदन सभापति से पत्रावली में मुद्रण प्रेसों के नाम के स्थान पर प्रेस ए, प्रेस बी आदि अंकित कर प्राप्त किया जाता है। निदेशक, माध्यमिक शिक्षा का सभापति माध्यमिक शिक्षा परिषद् होने के नाते मुख्य दायित्व परीक्षा व्यवस्था की मानीटरिंग से होता है।

कैबिनेट सचिव द्वारा प्राथमिक विद्यालयों के अध्यापकों की भर्ती नियमावली में जो संशोधन कराया गया था उससे इस परीक्षा का महत्त्व एवं संवेदनशीलता बहुत अधिक बढ़ गयी थी, क्योंकि इसी परीक्षा के आधार पर प्रदेश में 70 हजार से अधिक शिक्षकों की भर्ती की जानी थी। जो अभ्यर्थी इस परीक्षा में अधिक अंक प्राप्त करता उसका सहायक अध्यापक बनना निश्चित था। प्राथमिक विद्यालयों के सहायक अध्यापकों को लगभग 30 हजार रुपये प्रतिमाह वेतन मिलता है। वर्णित परिस्थितियों में इस परीक्षा को शुचितापूर्ण ढंग से सम्पादित कराना एक बड़ी चुनौती थी। यह निर्णय हो जाने के उपरान्त इस परीक्षा की शुचिता प्रभावित करने के लिए अनेक प्रकार के दबाव मेरे ऊपर पड़ने लगे। पंचम तल (मुख्यमन्त्री कार्यालय) द्वारा एक कम्प्यूटर कम्पनी को इस परीक्षा का कार्य सौंपने के लिए मुझ पर निरन्तर दबाव डाला जाने लगा जिसका मैंने विरोध किया। बसपा शासनकाल में कुछ समय पूर्व 5 हजार स्वास्थ्य कर्मियों की भर्ती हेतु जिस कम्प्यूटर कम्पनी को यह कार्य सौंपा गया था उसी कम्पनी से यह कार्य कराये जाने का मुझ पर दबाव डाला गया। ज्ञातव्य है कि 5 हजार स्वास्थ्य कर्मियों की भर्ती इस कारण सम्भव ही नहीं हो सकी थी, क्योंकि 5 हजार से ज्यादा अभ्यर्थियों से बसपा के कद्दावर मन्त्रियों व अन्य नेताओं ने बयाना ले लिया था। बहुजन समाज पार्टी की नगदी की चाहत किसी से छिपी नहीं है। अखिलेख दारू गुप्ता से लेकर स्वामी प्रसाद मौर्य तक इस सम्बन्ध में आरोप लगा चुके हैं। सत्ताधारी पार्टी की चहेती कम्प्यूटर फर्म को यह कार्य दे दिया गया होता तो 72 हजार से अधिक नियुक्तियों में गड़बड़ी का यह एक बहुत बड़ा घोटाला होता। यदि 10 हजार अभ्यर्थियों से 30 हजार रुपये महीने

की सरकारी नौकरी के लिए 3-3 लाख रुपये भी एकत्र किये जाते तो 300 करोड़ रुपये एकत्र हो जाते। मेरे द्वारा दबाव के आगे न झुकने के कारण सत्ता के उच्चतम स्तरों पर बैठे व्यक्तियों का कुपित हो जाना स्वाभाविक था। तब मैंने यह कल्पना भी नहीं की थी कि शासन की उस नाराजगी का आने वाले समय में इतना भारी नुकसान मुझे और मेरे परिवार को उठाना पड़ेगा।

बसपा शासनकाल में बाबूसिंह कुशवाहा सबसे कद्दावर मन्त्री थे और मुख्यमन्त्री के सबसे नजदीकी थे। बाद में उनका नाम एन.आर.एच.एम. घोटाले में आ जाने के बाद उन्हें पार्टी से निकाल दिया गया था। पंचम तल पर बैठे अधिकारियों को यह भ्रम था कि मैं बाबूसिंह कुशवाहा का नजदीकी हूँ इसलिए उनके पार्टी से निष्कासन के बाद पंचम तल के अधिकारियों का कोपभाजन बनने का यह एक अन्य सम्भावित कारण है। बाबूसिंह कुशवाहा से मेरा परिचय था किन्तु नजदीकी जैसी कोई बात नहीं थी। परिचय और निकटता में अन्तर होता है।

राजनेताओं और नौकरशाहों के मेरे प्रति विद्वेष का एक दूसरा पक्ष भी आपके सामने रखना चाहता हूँ। वर्ष 2003 से 2007 तक मुलायम सिंह यादव प्रदेश के मुख्यमन्त्री थे। तत्समय भी मैं निदेशक माध्यमिक शिक्षा के पद पर कार्यरत था। 2003 से 2007 तक प्रदेश की समाजवादी पार्टी की सरकार में माध्यमिक शिक्षा विभाग मुख्यमन्त्री के पास ही रहा। मेरे कार्य एवं व्यवहार से मुख्यमन्त्री सहित शासन के सभी आला अधिकारी पूर्ण रूप से सन्तुष्ट थे। जनवरी 2004 में मुख्यमन्त्री ने मुझे निदेशक, माध्यमिक शिक्षा के साथ-साथ निदेशक, राज्य शैक्षिक अनुसन्धान एवं प्रशिक्षण परिषद् का अतिरिक्त प्रभार सौंपने के निर्देश दिये ताकि प्रदेश के प्राथमिक विद्यालयों में रिक्त लगभग 42 हजार पदों पर विशिष्ट बी.टी.सी. अभ्यर्थियों का चयन हो सके। मेरे द्वारा निष्पक्ष ढंग से बिना किसी विवाद के लगभग 42 हजार अभ्यर्थियों का चयन प्राथमिक विद्यालयों के सहायक अध्यापकों के पद पर किया गया, जो तत्समय सरकार की बहुत बड़ी उपलब्धि थी। मुझे आज भी स्मरण है कि

इसके कुछ समय पश्चात् फैजाबाद जनपद के एक ग्रामीण क्षेत्र में एक जनसभा को सम्बोधित करते समय मुलायम सिंह यादव जी ने कहा था : *'मेरी सरकार ने 42 हजार बेरोजगार नवयुवकों को प्राइमरी स्कूलों में नौकरी दी है और किसी ने इसके लिए एक चाय भी नहीं पी है। यदि विश्वास न हो तो संजय मोहन यहाँ मौजूद है उससे पूछ लो।'*

इस सरकार की जो विभिन्न योजनाएँ माध्यमिक शिक्षा के क्षेत्र में प्रारम्भ की गयी थीं उनके क्रियान्वयन में मेरे द्वारा किये गये प्रयासों की सर्वत्र प्रशंसा हुई। कन्या विद्याधन योजना के अन्तर्गत धनराशियों का समय से जिलों को आवंटन और समारोह आयोजित मुख्यमन्त्री द्वारा चेक वितरण करने की व्यवस्था प्रमुख रूप से मेरे द्वारा विभागीय अधिकारियों के सहयोग से की गयी। इसी प्रकार 5 हजार रुपये प्रतिमाह के मानदेय पर माध्यमिक विद्यालयों में कार्यरत विषय विशेषज्ञों के संविलियन का प्रकरण प्रदेश सरकार की प्रतिष्ठा से जुड़ा हुआ था। सुसंगत अधिनियमों में संशोधन कराकर उनके विनियमितीकरण का मार्ग मेरे द्वारा प्रशस्त किया गया। विषय विशेषज्ञों के संगठन ने इस सम्बन्ध में सरकार के प्रति आभार व्यक्त करने के लिए गन्ना संस्थान के सभागार में एक कार्यक्रम आयोजित किया था जिसमें शिवपाल सिंह यादव मुख्य अतिथि थे। इस समारोह में शिवपाल सिंह यादव ने इस कार्य में मेरे सहयोग की भूरि-भूरि प्रशंसा की थी।

मुलायम सिंह यादव जी ने पूरे प्रदेश में मुम्बई की एक प्रतिष्ठित संस्था 'युवक बिरादरी' के माध्यम से 'एक सुर एक ताल' कार्यक्रम पूरे प्रदेश में आयोजित कराया जिसका उद्देश्य माध्यमिक विद्यालय के बच्चों में देश प्रेम की भावना जाग्रत करना था। इस कार्यक्रम के अन्तर्गत विभिन्न भारतीय भाषाओं में देश-प्रेम से सम्बन्धित गीतों के सामूहिक गायन की व्यवस्था थी। यह कार्यक्रम पूरे प्रदेश में इतना लोकप्रिय और सफल रहा कि इसमें मेरे योगदान के लिए श्रीमती जया बच्चन ने सार्वजनिक रूप से मुझे सम्मानित किया।

27 अप्रैल 2007 का दिन कदाचित् मैं जीवन भर नहीं भूल

सकूँगा। प्रदेश में विधानसभा के लिए चुनाव चल रहे थे, चार चरणों के चुनाव सम्पन्न हो चुके थे और 3 चरणों के चुनाव होने शेष थे। अपराह्न में श्रीमती अनीता सिंह प्रमुख सचिव मुख्यमन्त्री जी ने मुझे अवगत कराया कि मुख्यमन्त्री मुझे तत्काल निदेशक माध्यमिक शिक्षा के पद से हटाना चाहते हैं। वे यादव जाति के एक अधिकारी 'बासुदेव यादव' को निदेशक माध्यमिक शिक्षा बनाना चाहते है। चुनाव प्रचार से लौटकर हवाई अड्डे पर ही मेरे स्थानान्तरण के आदेश पत्रावली में दे दिये गये और उसी रात आदेश निकलने पर मेरे द्वारा निदेशक का चार्ज उपलब्ध वरिष्ठतम अधिकारी (बासुदेव यादव से इतर) को सौंप दिया गया। आचार संहिता लगी हुई थी और इस आदेश के लिए चुनाव आयोग से भी कोई अनुमति नही ली गयी।

8 मई 2007 को विधानसभा के चुनाव सम्पन्न हो जाने के उपरान्त 13 मई 2007 को परिणाम आने पर बसपा की बहुमत की सरकार बनी। चुनाव आयोग ने उत्तर प्रदेश विधानसभा के वर्ष 2007 के चुनाव के पहले नवीन चन्द बाजपेयी जी को हटाकर शम्भूनाथ जी को प्रदेश का मुख्य सचिव नियुक्त किया था। 15 मई 2007 को मुख्य सचिव के कार्यालय से मुझे यह सूचना मिली कि मुख्य सचिव आपसे तुरन्त मिलना चाहते हैं। जब मैं मुख्य सचिव महोदय के कक्ष में पहुँचा तो वह बड़ी व्यग्रता से मेरी प्रतीक्षा कर रहे थे। उन्होंने मुझे कुर्सी पर बैठाने के उपरान्त जो कहा वह मेरे लिए नितान्त अप्रत्याशित था। *उन्होंने कहा कि विधानसभा के चुनाव चल रहे थे और आचार संहिता लगी हुई थी फिर भी मुख्यमन्त्री जी (मुलायम सिंह यादव) पिछले एक महीने से बासुदेव यादव की शिक्षा निदेशक के पद पर डी.पी.सी. करने का दबाव बनाये हुए थे जिसके कारण वह बहुत परेशान थे।* केवल इतनी सी बात मुझे बताने के लिए क्यों उन्होंने मुझे अपने कार्यालय में बुलाया, मैं आज तक समझ नहीं पाया। बासुदेव यादव के शिक्षा निदेशक न बन पाने से मेरे प्रति वैमनस्य का भाव कदाचित् इन लोगों में उत्पन्न हो गया जिसका इतना बड़ा खमियाजा मुझे बाद में चुकाना पड़ा।

शासन के निर्णयानुसार शिक्षक पात्रता परीक्षा का आयोजन 13 नवम्बर 2011 को पूरे प्रदेश में कराया गया जिसमें लगभग 10 लाख परीक्षार्थी सम्मिलित हुए। इस परीक्षा के आयोजन में शिक्षा विभाग के जिला तथा मंडलीय अधिकारियों के साथ जिला अधिकारी व पुलिस अधिकारियों का भी सहयोग लिया गया। मात्र 12 दिनों में इस परीक्षा का परीक्षाफल 25 नवम्बर 2011 को घोषित कर दिया गया और उसी दिन प्रश्नपत्रों में पूछे गये प्रश्नों के सही उत्तर (आंसर की) भी बेवसाइट पर डाल दिये गये। ज्ञातव्य है कि परीक्षा जिन ओ.एम.आर. शीट पर ली गयी थी उसकी एक प्रति अभ्यर्थी को वापस साथ ले जाने के लिए उपलब्ध करा दी गयी थी ताकि बाद में अभ्यर्थी स्वयं परिषद् द्वारा जारी आंसर की से मिलान कर सके। परीक्षाफल घोषित हो जाने के तत्काल बाद परीक्षाफल की सी.डी. निदेशक, बेसिक शिक्षा को सचिव, माध्यमिक शिक्षा परिषद् द्वारा उपलब्ध करा दी गयी।

यह शिक्षक पात्रता परीक्षा शान्तिपूर्ण ढंग से सम्पन्न हुई। परीक्षा में किसी भी प्रकार की अनियमितता की कोई भी शिकायत जिला, मंडल, शिक्षा निदेशालय या शासन में कभी भी प्राप्त नहीं हुई। इस परीक्षा के सम्बन्ध में उच्च न्यायालय में योजित रिट याचिका संख्या 133/2012 में न्यायमूर्ति सुधीर अग्रवाल ने अपने आदेश दिनांक 20.1.12 द्वारा परीक्षा लेने वाली संस्था के विरुद्ध बेबुनियाद आरोप लगाने पर रुपये 4.50 लाख की कास्ट याचीगणों पर लगाई।

इस शिक्षक पात्रता परीक्षा में पूछे गये लगभग 6 प्रश्नों के जो उत्तर माध्यमिक शिक्षा परिषद् द्वारा सही दर्शाये गये थे उनके उत्तरों में अस्पष्टता के आधार पर परीक्षा परिणाम में संशोधन करने के निर्देश उच्च न्यायालय ने कतिपय रिट याचिकाओं में दिये जिसके आधार पर सचिव माध्यमिक शिक्षा परिषद् ने हाईकोर्ट के आदेश के अनुपालन में परीक्षाफल 15 दिसम्बर 2011 तक संशोधित कर सी.डी. निदेशक, बेसिक शिक्षा को सौंप दी।

31 दिसम्बर 2011 को शिक्षक पात्रता परीक्षा का परीक्षाफल

घोषित हो जाने के बहुत समय बाद अकबरपुर, कानपुर देहात के पास पुलिस ने लगभग 87 लाख रुपये के साथ 5 व्यक्तियों को गिरफ्तार किया जो पुलिस के अनुसार शिक्षक पात्रता परीक्षा में उत्तीर्ण कराने के लिए अभ्यर्थियों से लिया गया पैसा था। पुलिस ने इनसे पूछताछ कर कुछ और व्यक्तियों को गिरफ्तार किया जिनमें से एक व्यक्ति रमाशंकर मिश्रा नाम का था जो एक प्राइवेट एन.जी. ओ. चलाता था। पुलिस का कहना था कि यह व्यक्ति शिक्षक पात्रता परीक्षा में उत्तीर्ण कराने के लिए अभ्यर्थियों से मेरे नाम पर पैसा वसूला करता था। पुलिस ने मिश्रा का इस आशय का दण्ड प्रक्रिया संहिता की धारा 161 का बयान भी न्यायालय में प्रस्तुत किया। जबकि वास्तविकता यह है कि रमाशंकर मिश्रा से मेरा कोई परिचय ही नहीं था।

7 फरवरी 2012 को जब मैं मुख्य सचिव की एक बैठक में भाग लेने के बाद लंच हेतु अपने आवास पर पहुँचा तो उसके कुछ समय उपरान्त दिनेश त्रिपाठी पुलिस इंस्पेक्टर, कोतवाली अकबरपुर, जिला कानपुर देहात वर्दी में 3-4 और दारोगाओं के साथ मेरे घर आये। दिनेश त्रिपाठी ने बताया कि पुलिस कप्तान कानपुर देहात, लखनऊ के पुलिस क्लब में आये हुए हैं और कानपुर देहात में शिक्षक पात्रता परीक्षा के सम्बन्ध में गिरफ्तार व्यक्तियों के सम्बन्ध में मेरा बयान लेना चाहते हैं। मैं तुरन्त अपनी स्टाफ कार में दिनेश त्रिपाठी के साथ गोमती होटल के सम्मुख पुलिस क्लब में अपना बयान देने के लिए चल दिया। गोमती होटल पहुँचने पर दिनेश त्रिपाठी ने मुझे जिला जज, कानपुर देहात द्वारा जारी मेरी गिरफ्तारी का आदेश दिखाया। मेरा मोबाइल फोन तत्काल दिनेश त्रिपाठी ने मुझसे ले लिया। मुझे एक अन्य दरोगा के साथ मेरी स्टाफ कार में ही कानपुर रवाना कर दिया। दिनेश त्रिपाठी यह कहते हुए गाड़ी से उतर गये कि उन्हें लखनऊ में पी. जी.आई. में कोई काम है।

दरअसल वहाँ से दिनेश त्रिपाठी सीधे मेरे सरकारी निवास पर पहुँचा और बिना किसी सूचना के सीधे घर में घुस गया। उसने घर

की महिलाओं से बद्तमीजी की और मेरी पत्नी, पुत्रवधू तथा ब्याही पुत्री, जो उस समय आयी हुई थी, के पर्सों से जबरदस्ती उनमें रखी हुई धनराशि निकाल ली और घर में रखी हुई अन्य धनराशि को मिलाकर कुल 486900 रुपये की बरामदगी घर से दिखाई। इस सम्बन्ध में निम्नलिखित तथ्य उल्लेखनीय हैं :

(क) मेरे इलाहाबाद बैंक में संचालित वेतन बैंक एकाउण्ट से कुछ माह पूर्व ही रुपये 5.50 लाख की धनराशि मेरी पुत्री के प्रसव में आ रही जटिलताओं के उपचार हेतु आहरित की गयी थी। इलाहाबाद बैंक के द्वारा जारी किये गये बैंक स्टेटमेंट में इसका स्पष्ट उल्लेख है और बैंक स्टेटमेण्ट की एक प्रति तत्समय ही पुलिस और न्यायालय को उपलब्ध करा दी गयी थी।

(ख) मैं प्रदेश में शिक्षा विभाग का सर्वोच्च अधिकारी था और प्रतिमाह रुपये 1 लाख से अधिक वेतन प्राप्त कर रहा था। मेरे द्वारा वर्ष 2010-11, 2011-12 में जो आयकर का रिटर्न दाखिल किये गये थे उसमें इन 2 वर्षों में मुझे सकल वेतन के रूप में 29.21 लाख रुपये प्राप्त हुए थे और मेरे द्वारा रुपये 5.91 लाख आयकर का रिटर्न अदा किया गया था। इस प्रकार रुपये 4,86,900 मेरी हैसियत के हिसाब से कोई इतनी बड़ी धनराशि नहीं थी कि मेरे आवास पर नहीं मिलनी चाहिए थी।

(ग) जिला जज, कानपुर देहात को मेरे द्वारा समय-समय पर दिये गये प्रार्थना पत्रों में यह कहा था कि ये धनराशि वास्तव में मेरे द्वारा अर्जित धनराशि है और इसे मुझे वापस करने के आदेश दिये जायें। इन प्रार्थना पत्रों में इस बात का भी स्पष्ट उल्लेख किया गया था कि किस प्रकार इनसे कुछ धनराशि मेरी पत्नी और परिवार के अन्य महिला सदस्यों के पर्स से जबरदस्ती निकाली गयी थी।

(घ) शिक्षक पात्रता परीक्षा के तुरन्त बाद मेरे द्वारा अपने जी.पी. एफ. खाते से गृह निर्माण हेतु रुपये 17.50 लाख लोन हेतु

आवेदन किया गया था क्योंकि मुझे इस धनराशि की अत्यन्त आवश्यकता थी। शासन ने अपने आदेश दिनांक 22 दिसम्बर 2011 द्वारा रुपये 17.50 की धनराशि मुझे स्वीकृत की थी। यदि मैं इतने बड़े वित्तीय घोटाले में शामिल होता तो कदाचित् शासन को जी.पी.एफ. से लोन हेतु आवेदन नहीं करता।

बाद में मुझे पता चला कि कानपुर देहात की पुलिस ने धोखाधड़ी करके मेरी गिरफ्तारी का आदेश जिला जज, कानपुर देहात से प्राप्त किया था। पुलिस ने एक फर्जी सफीना नोटिस (किसी का बयान लेने हेतु पुलिस द्वारा जारी नोटिस) दण्ड प्रक्रिया संहिता की धारा 160 के अन्तर्गत निर्गत हुआ दिखाया था जिसमें मुझे सुभाष चन्द्र शाक्य, क्षेत्राधिकारी, अकबरपुर (विवेचक) के समक्ष किसी कार्य दिवस में उनके कार्यालय में आकर बयान अंकित कराने का उल्लेख है। इस फर्जी सफीना नोटिस में पृष्ठांकन कर एस.एस.आई. आर.एल. पटेल को इस नोटिस को मुझे तामील कराने का उल्लेख है। यह नोटिस कभी प्राप्त ही नहीं हुआ क्योंकि यह कभी भेजा ही नहीं गया था। जिला जज, कानपुर देहात को यह बताया गया कि यह सफीना नोटिस भेजने के उपरान्त भी मैं बयान देने हेतु उपस्थित नहीं हुआ हूँ और उनसे मेरी गिरफ्तारी के आदेश प्राप्त कर लिए गये। इस फर्जी सफीना नोटिस की जानकारी मुझे अपनी गिरफ्तारी के समय उस समय मिली जब इस फर्जी सफीना नोटिस की रिसीविंग मेरे सामने मेरी सरकारी स्टाफ कार के चालक श्री बाजपेयी को धमकाकर उसके हस्ताक्षर लिए गये। विभागाध्यक्ष के कार्यालय में प्राप्त होने वाले पत्रों को रिसीव करने के लिए अलग से एक अनुभाग होता है। शासन तथा प्रदेश भर से प्रतिदिन सैकड़ों की संख्या में प्राप्त होने वाले पत्रों का अंकन सम्बन्धित पंजिकाओं में किया जाता है। किसी चालक को इतने महत्त्वपूर्ण पत्र को प्राप्त कराना कहीं से भी तर्कसंगत और न्यायसंगत नहीं होता। सबसे गम्भीर प्रश्न यह है कि कानपुर देहात की पुलिस को फर्जी सफीना नोटिस बनाने और धोखा देकर गिरफ्तारी का आदेश प्राप्त करने की आवश्यकता किसके निर्देश पर और क्यों आन पड़ी। यह स्वतः

स्पष्ट रूप से प्रमाणित है कि यह मेरे विरुद्ध ऊपर के निर्देश पर रचा गया एक षड्यन्त्र था।

पुलिस किस प्रकार से राजनीतिज्ञों के निर्देश पर बेगुनाह व्यक्तियों को फर्जी मुकदमों में फँसाती है, इसके एक उदाहरण का उल्लेख करना प्रासंगिक होगा क्योंकि यह उदाहरण मेरे प्रकरण से बिल्कुल समान है। बाँदा के कांग्रेस नेता संजीव अवस्थी ने बहुजन समाजवादी पार्टी के विरुद्ध अनेक जनहित याचिकाएँ न्यायालय में योजित की थीं जिसके कारण बसपा नेतृत्व को कठिनाइयों का सामना करना पड़ा था। इससे तंग आकर बसपा नेतृत्व ने उसी इंस्पेक्टर दिनेश त्रिपाठी को संजीव अवस्थी को फर्जी मुकदमे में फँसाने के निर्देश दिये जिसका उल्लेख मेरे प्रकरण में भी पूर्व में हो चुका है। दिनेश त्रिपाठी निर्दोष व्यक्तियों को फर्जी मुकदमों में फँसाने के विशेषज्ञ हैं और उनकी अरबों रुपये की सम्पत्ति की जाँच सतर्कता विभाग द्वारा की जा रही है। वह एक बहुत ही शातिर पुलिस अधिकारी था।

दिनेश त्रिपाठी ने संजीव अवस्थी को लखनऊ में अमौसी हवाई अड्डे से उठाकर कानपुर में गिरफ्तार दिखाया और उसके पास से 500-1000 रुपये के नकली नोट बरामद दर्शाकर उसे गिरफ्तार किया। इस प्रकरण में सर्वोच्च न्यायालय ने यह निर्देश दिये कि इसकी जाँच की जाय कि यह मुकदमा कहीं फर्जी तो नहीं है। सर्वोच्च न्यायालय के जस्टिस एच.एल. दत्तू और जस्टिस एस. ए. बोवड़े के निर्देश पर आर्थिक अपराध शाखा से जाँच कराने पर पूरा मुकदमा फर्जी पाया गया। सर्वोच्च न्यायालय के निर्देश पर नोटों की बरामदगी दिखाने वाले 11 पुलिस कर्मियों के खिलाफ केस दर्ज किया गया जिसमें दिनेश त्रिपाठी प्रमुख अभियुक्त थे। इसके बाद कई वर्षों तक दिनेश त्रिपाठी फरार रहे, निलम्बित हुए, गैर जमानती वारंट इश्यू हुआ तथा कुड़की के आदेश भी कोर्ट ने दिये। दिनेश त्रिपाठी ने अपनी गिरफ्तारी पर रोक के लिए उच्च न्यायालय में कई बार गुहार लगाई किन्तु उन्हें बार-बार कोर्ट ने सरेंडर करने के निर्देश दिये। इस दुस्साहसी पुलिस अधिकारी ने 2 वर्ष से अधिक अवधि

तक फरार रहने के बाद 2016 में कोर्ट में सरेंडर किया और सम्प्रति जमानत पर छूटे हुए हैं। दिनेश त्रिपाठी कानपुर के समाचार-पत्रों में 'फर्जी नोटों वाला इंस्पेक्टर' नाम से कुख्यात है।

मुझे दिनांक 8 फरवरी 2012 को जिला जज कानपुर देहात की कोर्ट में पेश किया गया और मुझे धारा 420, 120(बी) (आपराधिक षड्यन्त्र) तथा भ्रष्टाचार निवारण अधिनियम के अन्तर्गत आरोपित कर मुझे जिला कारागार, कानपुर देहात न्यायिक अभिरक्षा में भेज दिया गया। मेरे विरोधियों को इस पर भी सन्तोष नहीं हुआ और उन्होंने पुलिस अधिकारियों पर दबाव डालकर कोर्ट में मेरी पुलिस रिमांड हेतु अर्जी डाल दी। कोर्ट ने 17 तथा 18 फरवरी 2012 के लिए 2 दिन की पुलिस रिमांड स्वीकृत कर दी। सबसे हास्यास्पद बात यह है कि पुलिस ने रिमांड के लिए जो आवेदन कोर्ट में दिया था उसमें पुलिस ने कहा कि मैंने यह कहा कि यदि पुलिस मुझे रिमांड पर ले लेगी तो मैं वह गोपनीय स्थान बता दूँगा जहाँ मैंने 35 लाख रुपये की धनराशि छिपा रखी है।

17 फरवरी 2012 की प्रातः पुलिस मुझे रिमांड पर लेकर जिला कारागार कानपुर देहात से थोड़ी दूर पर स्थित पुलिस गेस्ट हाउस में ले गयी। गेस्ट हाउस पहुँचने पर वहाँ पर पहले से उपस्थित पुलिस उपाधीक्षक सुभाष चन्द्र शाक्य ने इत्मीनान दिलाते हुए यह कहा कि *'हमें आपको कहीं नहीं ले जाना है, यह एक औपचारिकता है जो ऊपर के निर्देश पर हो रही है।'* बाद में अनौपचारिक वार्तालाप में सुभाष चन्द्र शाक्य ने यह भी बताया कि मेरे लिए उनके पिता सहित कम से कम 25 पुलिस अफसरों की सिफारिश आ चुकी है किन्तु ऊपर के निर्देशों के कारण चाहकर भी कोई सहयोग नहीं कर पा रहे हैं। मुझे 17-18 फरवरी 2012 को उसी गेस्ट हाउस में रखा गया तथा मुझे कहीं भी बाहर पूछताछ के लिए नहीं ले जाया गया। हालाँकि लखनऊ के कतिपय समाचार-पत्रों ने यह फर्जी खबर छापी कि मुझे छिपाये गये धन की खोज हेतु पुलिस लखनऊ लेकर आयी है। दोनों दिन पुलिस ने मेरे भोजन तथा रहने की व्यवस्था का पूरा ख़याल रखा। यहाँ तक 17 फरवरी को पुलिस अधीक्षक

कानपुर देहात सुभाष चन्द्र दुबे ने मेरे साथ डिनर भी किया। पूरी रिमांड अवधि में सभी पुलिस वालों के चेहरों पर उनकी मजबूरी साफ झलक रही थी।

17-18 फरवरी 2012 को जब मुझे पुलिस ने रिमांड पर ले रखा था उस समय इंस्पेक्टर दिनेश त्रिपाठी ने अत्यन्त अमानवीय एवं बर्बरतापूर्ण तरीके से दल-बल सहित मेरे आवास पर पहुँच कर परिवार की महिला सदस्यों को डराना- धमकाना शुरू कर दिया और कहा कि *संजय मोहन की पैरवी करना बन्द कर दो अन्यथा पूरे परिवार को जेल में डाल दूँगा।* उसने मेरी बेटी को भद्दी-भद्दी गालियाँ दीं और कहा कि *'तुम्हारे बाप संजय मोहन को उच्च अधिकारियों के कहने पर षड्यन्त्र कर जैसे फर्जी फँसाया है, उसी तरह अब तुम लोगों की बारी है, पूरे परिवार को जेल में डाल दूँगा।'* मेरी पुत्री ने उसी दिन तार भेजकर महामहिम राष्ट्रपति तथा अध्यक्ष राष्ट्रीय मानवाधिकार आयोग नयी दिल्ली को इसकी सूचना दी। मेरी पत्नी ने भी तार भेजकर पूरी घटना की जानकारी वरिष्ठ न्यायमूर्ति उच्च न्यायालय लखनऊ बेंच, लखनऊ को दी। रजिस्ट्रार हाईकोर्ट ने अपने पत्र दिनांक 18/02/2012 द्वारा एस.एस.पी./डी.आई.जी. लखनऊ को आवश्यक कार्यवाही करने के निर्देश दिये जिसकी सूचना मेरी पत्नी को भी रजिस्ट्रार ने प्रेषित की।

शासन के तत्कालीन आला अफसरों को यह लगा कि मुझे जल्दी ही जमानत मिल जायेगी और मैं जेल से रिहा हो जाऊँगा। इसलिए 25 फरवरी 2012 को मेरे विरुद्ध 'गैंगेस्टर एक्ट' लगा दिया गया। मेरा कोई पुराना आपराधिक इतिहास नहीं था और दस वर्ष से अधिक की अवधि से मैं शिक्षा निदेशक के पद पर कार्यरत था। मुझे प्रदेश सरकार ने 'ब्रिटिश टेक्नीकल एक्सचेन्ज कार्यक्रम' के अन्तर्गत लीड्स विश्वविद्यालय, इंग्लैण्ड में तीन महीने के 'प्रोजेक्ट मैनेजमेंट' कार्यक्रम के लिए नामित किया था। भारत सरकार की जो टीम कोलंबिया (दक्षिण अमेरिका) के 'न्यू स्कूल प्रोग्राम' का अध्ययन करने गयी थी उसका भी मुझे सदस्य बनाया गया था। स्काउटिंग के लिए मेरे अत्यन्त असाधारण योगदान के

लिए राष्ट्रपति ए.पी.जे. अब्दुल कलाम ने मुझे देश के सबसे बड़े सम्मान 'सिल्वर ऐलीफेंट' से सम्मानित किया था। देश का यह सर्वोच्च स्थान प्राप्त करने वाला मैं प्रदेश का प्रथम नागरिक था। मैंने या मेरे परिवार ने जीवन में कभी किसी असलहे के लाइसेंस तक के लिए आवेदन नहीं किया था। फिर भी मेरे विरुद्ध 'गैंगेस्टर एक्ट' लगाना मेरे लिए अत्यन्त चौंकाने वाला समाचार था। अब यह स्पष्ट हो चुका था कि यह एक बहुत बड़ी राजनीतिक साजिश है जो राजनेताओं और वरिष्ठ नौकरशाहों के द्वारा मेरे विरुद्ध रची गयी थी।

पुलिस ने मेरे विरुद्ध गैंगेस्टर एक्ट लगाये जाने के उपरान्त जो दस्तावेज न्यायालय में दाखिल किये थे वह वास्तव में चौंकाने वाले थे। पुलिस ने मुझे गैंग का सरगना बताते हुए 12-13 अन्य व्यक्तियों को, जिन्हें मैं जानता तक नहीं था, गैंग का सदस्य होने का दावा किया। इस सम्बन्ध में पुलिस ने न्यायालय को आरोपियों द्वारा एक दूसरे से टेलीफोन पर सम्पर्क करने विषयक कनेक्टिविटी चार्ट तैयार किया था। इस चार्ट से स्वतः स्पष्ट है कि मेरे द्वारा अन्य किसी आरोपी को कोई भी काल नहीं की गयी थी क्योंकि यह सभी मेरे लिए नितांत अपरिचित थे। मात्र एक कॉल 8 जनवरी 2012 को आरोपी रमाशंकर मिश्रा के मोबाइल संख्या 9415419407 से मेरे मोबाइल संख्या 9452810692 पर दर्शायी गयी है। पुलिस ने इस आरोप के समर्थन में कॉल डिटेल की फोटोप्रति कोर्ट में पेश की है जो निम्नवत है।

08.01.12	20.23	0/C call	9415410407	9454403691
08.01.12	20.41	0/C call	9415410407	9452810692

मैं विभागाध्यक्ष के पद पर कार्यरत था और समय-समय पर मेरे पास शासन और विभिन्न जिलों से मेरे माबाइल नं. पर कॉल आया करती थी, जिनको मेरे द्वारा रिसीव किया जाता था। पुलिस द्वारा मेरे विरुद्ध लगाये गये इस आरोप में दो तथ्य बहुत ही रोचक हैं। पहला, कॉल डिटेल के अवलोकन से स्पष्ट है कि *रमाशंकर मिश्रा*

द्वारा यह कॉल पुलिस की उपस्थिति में और दबाव में की गयी थी। कॉल डिटेल में स्पष्ट है कि रमाशंकर मिश्रा द्वारा मेरे मोबाइल पर यह कॉल करने से ठीक पूर्व रमाशंकर मिश्रा के मोबाइल से 9454403691 पर कॉल की गयी थी जो इंस्पेक्टर दिनेश त्रिपाठी का सीयूजी नम्बर था। इससे स्पष्ट है कि रमाशंकर मिश्रा के मोबाइल से दिनेश त्रिपाठी के सीयूजी नम्बर पर यह देखने के लिए कॉल किया गया था कि बातचीत ठीक से टेप हो रही है कि नहीं। दूसरा, पुलिस की केस डायरी में रमाशंकर मिश्रा और मेरे मध्य हुए वार्तालाप के टेप को उद्धृत किया गया है जो निम्नवत् है :

"साहब मैं रमाशंकर मिश्रा बोल रहा हूँ टी.ई.टी. के कुछ लड़के जान से मार देंगे जो लड़के पैसा दिये थे वापस कर दीजिए जिन लड़कों से पैसा लिया वापस माँग रहे हैं।

कौन पैसा लिया मुझे जानकारी नहीं है क्या तुम पैसा लिए हो।

साहब मैं रमाशंकर मिश्रा बोल रहा हूँ।

रमाशंकर मिश्रा को जानता नहीं हूँ आफिस में आकर मिलिए।"

उपर्युक्त अभिलेखों से यह भी स्वतः पूरी तरह से प्रमाणित है कि पुलिस ने षड्यन्त्र के तहत मुझे फँसाने के लिए यह व्यूह रचना की।

इस सम्बन्ध में विशेष रूप से यह उल्लेखनीय है कि सन्दर्भगत टेलीफोनिक वार्ता कॉल डिटेल चार्ट के अनुसार 8 जनवरी 2012 की रात्रि में हुई थी। पुलिस ने रमाशंकर मिश्रा की गिरफ्तारी उसके ठीक अगले दिन 9 जनवरी 2012 को दिखाई है जबकि वास्तविकता यह है कि रमाशंकर मिश्रा को 6 जनवरी को ही उनके लखनऊ में स्थित कार्यालय से उठा लिया गया था। रमाशंकर मिश्रा ने कानपुर देहात में कोर्ट में सभी अन्य आरोपियों के अधिवक्ताओं को कतिपय अभिलेखों की फोटोप्रतियाँ दी थीं जिसमें 6 जनवरी 2012 को रमाशंकर मिश्रा की गिरफ्तारी के समय उनसे प्राप्त सामान का थाना के सहायक लेखक से प्राप्ति का अभिलेख है जिसमें थाने के सहायक लेखक ने रुपये 2400 नकद, पर्स आदि की प्राप्ति दर्शाकर 6 जनवरी 2012 की तिथि

में हस्ताक्षर किये हैं। रमाशंकर मिश्रा ने दूसरे जिस अभिलेख की फोटोप्रति मेरे अधिवक्ता श्री वृजेश कुमार सिंह को दी थी वह मिश्रा द्वारा जिला जज कानपुर देहात को दिये गये आवेदन दिनांक 04.03.2013 की फोटोप्रति थी। इस आवेदन के साथ कानपुर के अनेक सरकारी अस्पतालों के अभिलेख भी थे।

रमाशंकर मिश्रा की गिरफ्तारी दिनेश त्रिपाठी ने मिश्रा के लखनऊ स्थित कार्यालय से 6 जनवरी 2012 को ही कर ली थी जिसकी पुष्टि गिरफ्तारी के समय प्राप्त किये गये सामान की पावती से तो होती ही है, मिश्रा ने जो आवेदन दिनांक 04.03.2013 जिला जज कानपुर को दिया था उसमें भी मिश्रा ने उल्लेख किया है कि दिनांक 06.01.2012 को समय अपराह्न लगभग 1:00 बजे प्रार्थी स्वयं सेवी–सामाजिक संस्था–नारी जागरण सेवा समिति, लखनऊ के प्रशासनिक कार्यालय एबी-32, पाँचवीं मंजिल, दिलीपपुर टावर, सप्रू मार्ग हजरतगंज लखनऊ से दिनेश त्रिपाठी ने गिरफ्तार किया। 6,7 तथा 8 जनवरी 2012 को रमाशंकर मिश्रा के मोबाइल की लोकेशन भी यह दर्शाती है कि मिश्रा 6 तारीख को ही सड़क मार्ग से कानपुर लाया गया था।

रमाशंकर मिश्रा ने जो अपना प्रार्थना-पत्र दिनांक 04.03.2013 को जिला जज कानपुर देहात को अपनी हस्तलिपि में दिया था उसको पढ़कर इंसानियत भी शर्मिन्दा हो जाये। यू.पी. पुलिस कितना निष्ठुर, बर्बर और अमानवीय हो सकती है उसका पता इस पत्र के कुछ अंशों के उद्धरण से चलता है।

"श्री दिनेश त्रिपाठी थाना कोतवाली अकबरपुर में अन्य निरीक्षकों व सिपाहियों के साथ शिक्षक पात्रता परीक्षा के सन्दर्भ में पूछताछ करने लगे। प्रार्थी ने उक्त के विषय में अज्ञानता प्रकट की तब दिनेश त्रिपाठी व अन्य सिपाहियों ने बारी-बारी से पट्टे से प्रार्थी की हिप व कमर पर सैकड़ों पट्टे मारे। इस क्रूरतापूर्ण शारीरिक प्रताड़ना से प्रार्थी की हिप से खून बहने लगा। प्रार्थी से बार-बार दबाव डाल रहे थे कि कहो "मैंने संजय मोहन निदेशक शिक्षा विभाग के कहने पर शिक्षक पात्रता परीक्षा में

परीक्षार्थियों को पास कराने हेतु धन वसूली करके संजय मोहन को दी है।"

"प्रार्थी द्वारा झूठी कबूलकारी न किये जाने पर एक बाल्टी पानी नाक के द्वारा अमानवीय रूप से पिलाया गया जिससे प्रार्थी बेहोश हो गया।"

दिनांक 7-8/1/2012 की रात्रि में श्री त्रिपाठी जी ने कोतवाली परिसर स्थित आम के पेड़ से प्रार्थी के दोनों हाथों को कन्धों से रस्सी से बाँधकर लटकाया। पुनः संजय मोहन को धन वसूल कर दिये जाने हेतु दबाव डाला। जब प्रार्थी के द्वारा स्वीकार नहीं किया गया तब मेरे दोनों पैरों को आपस में बाँधकर जमीन पर चित लिटाकर पैरों को आसमान की ओर उठाकर तलुओं पर स्वयं श्री त्रिपाठी ने लाठी से मारना प्रारम्भ कर दिया। प्रार्थी चीखता-चिल्लाता रहा, बेरहम कोतवाली प्रभारी श्री दिनेश त्रिपाठी पैरों के तलुओं पर लाठी मारते हुए कह रहे थे कि 'तू ब्राह्मण होकर इतनी मार खा रहा है, थोड़ा सा झूठ बोलकर संजय मोहन डायरेक्टर का नाम क्यों नहीं ले रहा है,' श्रीमान जी मैंने झूठी बात को मार खाने के बाद भी स्वीकार नहीं किया, तब दिनेश त्रिपाठी ने झुँझलाकर प्रार्थी के दोनों पैरों को पुनः बाँधकर उसी आम के पेड़ से जमीन से लगभग तीन फीट ऊपर उल्टा टाँग दिया और नीचे धुआँ सुलगा दिया। साथ ही दिनेश त्रिपाठी मेरी हिप व कमर पर पट्टे से बराबर मारते रहे।

"कोतवाली प्रभारी श्री दिनेश त्रिपाठी को मेरे द्वारा संजय मोहन के विरुद्ध कोई झूठी बात कहलवाने में सफलता नहीं मिली तब जलते हुए बिजली के हीटर पर पेशाब करने हेतु विवश किया।"

रमाशंकर मिश्रा के इस पत्र के साथ लक्ष्मीपत सिंहानिया हृदय रोग संस्थान मेडिकल कालेज कानपुर, लाला लाजपत राय चिकित्सालय, कानपुर, गणेश शंकर विद्यार्थी स्मारक चिकित्सा महाविद्यालय कानपुर में समय-समय पर रमाशंकर मिश्रा के किये गये चिकित्सीय परीक्षण और जाँच रिपोर्टों की प्रतियाँ भी संलग्न की गयी हैं। जमानत पर छूटने के उपरान्त अक्टूबर 2013 में रमाशंकर मिश्रा का सहारा अस्पताल लखनऊ में देहान्त हो गया।

मेरी गिरफ्तारी के उपरान्त इलेक्ट्रानिक और प्रिंट मीडिया ने अपनी टीआरपी बढ़ाने के लिए मेरे विरुद्ध भ्रष्टाचार की मनगढ़ंत खबरें छापकर सनसनी पैदा करने की कोशिश की। जिला जज कानपुर देहात ने मेरी जमानत अर्जी खारिज कर दी और मुझे जमानत हेतु हाईकोर्ट जाना पड़ा। विरोधियों ने मेरी जमानत पर शीघ्र कोई निर्णय न हो पाये इसके लिए तरह-तरह के हथकंडे अपनाये। अन्त में दिसम्बर 2012 में हाईकोर्ट से मेरी जमानत खारिज हो जाने के बाद मुझे सर्वोच्च न्यायालय जाना पड़ा। विरोधियों ने फिर भी पूरी ताकत लगा दी कि सर्वोच्च न्यायालय से भी मेरी जमानत न हो पाये। समाजवादी पार्टी की सरकार ने मेरी जमानत अर्जी का विरोध करने के लिए उच्च न्यायालय के सेवा निवृत्त जज न्यायमूर्ति सखाराम यादव को विशेष अधिवक्ता के रूप में नियुक्त किया। कितने आश्चर्य और दुख की बात है कि जो समाजवादी पार्टी की सरकार करोड़ों रुपये के घोटाले में लिप्त यादव सिंह का बचाव करने हेतु हाईकोर्ट के सी.बी.आई. जाँच के आदेश के विरोध में सुप्रीम कोर्ट गयी हो वही मेरे इतने अल्प धनराशि के मामले में उसने हाईकोर्ट के सेवानिवृत्त जज की सेवाएँ लेने का निर्णय लिया। इन जज महोदय को दिल्ली आने जाने के किराये व फीस के रूप में जो धनराशि दी गयी होगी वह प्रदेश की गरीब जनता का पैसा था।

इस बार विरोधियों की एक न चली और देश के न्याय के सबसे बड़े मन्दिर ने जून 2013 में मेरी जमानत स्वीकार की जिससे लगभग डेढ़ वर्ष बाद मैं कारागार से बाहर आ सका।

मेरी कठिनाइयाँ फिर भी मेरा साथ छोड़ने को तैयार नहीं थीं। विरोधियों के प्रयास से मेरे विरुद्ध प्रवर्तन निदेशालय (ईडी) ने भी मेरे विरुद्ध जाँच शुरू कर दी। ईडी के अधिकारियों ने मेरी पत्नी तथा परिवार के अन्य सदस्यों से घंटों पूछताछ की। मेरे तथा परिवार के सम्पत्ति के अभिलेखों और बैंक खातों को खंगाला। किन्तु उन्हें मेरे तथा मेरे परिवार के विरुद्ध कोई भी धनराशि या सम्पत्ति ऐसी नहीं मिली जो गलत ढंग से अर्जित की गयी हो।

ईडी के अधिकारियों की अपेक्षाएँ पूर्ण न कर पाने के कारण उन्होंने जबरदस्ती उसी रुपये 4,86,900 को 'प्रोसीड ऑफ क्राइम' बताते हुए उसे जब्त करने के आदेश दे दिये। यह वही धनराशि है जिसे दिनेश त्रिपाठी ने 7 फरवरी 2012 को मेरे घर से बरामद दिखाया था। ईडी ने जिला जज 'लखनऊ' के न्यायालय में पी एम एल एक्ट के अन्तर्गत कम्प्लेन्ड एप्लीकेशन दाखिल की जिसके फलस्वरूप जनपद न्यायाधीश के न्यायालय ने समर्पण करने के उपरान्त मुझे पुनः न्यायिक अभिरक्षा में 18 अगसत 2015 को जिला कारागार लखनऊ भेज दिया गया। मेरे विरोधी इस बार भी इतना सक्रिय थे कि उन्होंने हर सम्भव प्रयास किया कि मुझे किसी भी स्थिति में जमानत न मिल पाये। इस बार हाई कोर्ट लखनऊ बेंच लखनऊ में मेरी जमानत अर्जी पर सुनवाई कर रहे न्यायाधीश महोदय के आवास पर मेरे विरुद्ध एक फर्जी पत्र भेजकर सुनवाई में व्यवधान डालने का प्रयास किया गया। हद तो तब हो गयी जब सर्वोच्च न्यायालय में मेरी जमानत अर्जी का विरोध करने के लिए भारत के एटोर्नी जनरल श्री मुकुल रोहतगी को मेरी जमानत याचिका का विरोध करने के लिए खड़ा किया गया। मेरा वाद एक बहुत अल्प धनराशि से सम्बन्धित था और उसमें कोई संवैधानिक मुद्दा भी नहीं था फिर भी देश के सबसे बड़े विधिक सलाहकार को मेरी जमानत याचिका का विरोध करने के लिए नामित किया जाना एक आश्चर्यजनक बात अवश्य थी। अन्त में न्याय की जीत हुई और अगस्त 2016 में सर्वोच्च न्यायालय ने मेरी जमानत याचिका स्वीकार कर ली।

यह सोचकर मुझे अत्यधिक पीड़ा होती है कि आज जब नोटबन्दी के उपरान्त देश में करोड़ों रुपये के नोट पकड़े जा रहे हैं तो इतनी अपेक्षाकृत अल्प धनराशि के लिए मुझे लम्बी-लम्बी अवधि के लिए 2-2 बार जेल जाना पड़ा।

नवम्बर 2011 में आयोजित जिस शिक्षक पात्रता परीक्षा के लिए मुझे आरोपित किया गया है उसी परीक्षा के परिणाम के आधार पर हाईकोर्ट तथा सर्वोच्च न्यायालय ने प्रदेश सरकार को

72 हजार से अधिक शिक्षकों की नियुक्ति का आदेश दिया था और प्रदेश सरकार ने इसी शिक्षक पात्रता परीक्षा (13 नवम्बर-2011 को आयोजित) परिणाम की मेरिट के आधार पर लगभग 72 हजार नियुक्तियाँ कर भी दी हैं। इस परीक्षा में अनियमितता की कभी भी कोई भी इस आशय की शिकायत किसी को भी प्राप्त नहीं हुई है कि पैसा लेकर इस परीक्षा में अभ्यर्थियों को उत्तीर्ण कराया गया है। मुझे समय-समय पर ऐसे सैकड़ों व्यक्ति मिले जिन्होंने यह परीक्षा उत्तीर्ण की थी। मेरे पूछने पर एक भी व्यक्ति ने यह नहीं कहा कि उसने पैसा देकर परीक्षा उत्तीर्ण की है। यदि आपको कोई ऐसा व्यक्ति मिले तो इसकी सूचना मुझे अवश्य दीजिएगा।

मुकदमा दर्ज हुए 5 वर्ष का लम्बा समय व्यतीत हो चुका है। ट्रायल अभी शुरू भी नहीं हुआ है। पहले ही 2 बार लगभग ढाई वर्ष जेल में बिता चुका हूँ, भविष्य में क्या होगा यह पता नहीं है। न्यायपालिका के प्रति मेरी और मेरे परिवार की पूरी निष्ठा है और एक न एक दिन मुझे न्याय अवश्य मिलेगा इसका पूर्ण विश्वास है। इतनी प्रतिकूल परिस्थितियों में अपने आप को जीवित रखना आसान नहीं था किन्तु मेरे परिवार विशेष रूप से बच्चों का समर्थन मेरा सबसे बड़ा सम्बल था। जीने की इच्छा इसलिए भी बनी रही क्योंकि मन में यह जानने की जिज्ञासा थी मेरे खिलाफ जिन लोगों ने गलत किया है उनको ईश्वर क्या दण्ड देता है।

अगस्त 2012 में मैं अधिवर्षता आयु प्राप्त करके सेवानिवृत्त हो चुका हूँ। जब मैं जिला कारागार कानपुर देहात में निरुद्ध था तो समय-समय पर मुझे शासन से तत्कालीन निदेशक बासुदेव यादव द्वारा तैयार कराये गये आरोप पत्र मिलते रहे उनमें जिनको जाँच अधिकारी नियुक्त किया गया था वे सभी सेवानिवृत्त हो चुके हैं और उनके स्थान पर कोई जाँच अधिकारी नामित नहीं किया गया है। दुर्भाग्यवश मुझे सेवानिवृत्त के लगभग 4 वर्ष बाद भी जीपीएफ, पेंशन, बीमा, ग्रेच्युटी तथा अवकाश नगदीकरण की धनराशि स्वीकृत नहीं की गयी।

मेरी जेल यात्रा की ये कहानी आपको सुनाने का उद्देश्य

आपकी सहानुभूति प्राप्त करना नहीं था। इस कहानी के माध्यम से मैंने यह बताने का प्रयास किया है कि आज विद्वेषवश राजनेता व नौकरशाह कितना नीचे गिर जाते हैं। उनसे संवेदनशीलता की अपेक्षा तो कभी भी नहीं थी किन्तु इतना भरोसा अवश्य था कि वैमनस्य की इस हद तक वे नहीं जायेंगे कि मानवता ही कराह उठे। इस पूरे घटनाक्रम में उत्तर प्रदेश पुलिस का यह दावा कि वह जनता की मित्र है, पर से पर्दा उठ गया है। मैं अकेला नहीं हूँ जिसको इस प्रकार के षड्यन्त्र का हिस्सा बनना पड़ा, न जाने प्रदेश में कितने और लोग राजनीतिक साजिश और पुलिस बर्बरता का प्रतिदिन शिकार हो रहे हैं।

उत्तर प्रदेश : दिशा, दशा और दुर्दशा

विभिन्न राजनीतिक पार्टियों की राज्य सरकारें प्रदेश को उन्नत, विकसित एवं उत्तम प्रदेश बनाने में कितनी सफल हुईं इसका आकलन करने के लिए ये आवश्यक है कि उत्तर प्रदेश की वर्तमान दिशा और दशा की समीक्षा कर ली जाय।

क्या प्रदेश में गरीबी घटी? क्या प्रदेश में बेरोजगारी कम हुई? क्या पिछड़ों और दलितों से किये गये वादे पूरे हुए? क्या प्रदेश की शिक्षा व चिकित्सा व्यवस्था में सुधार हुआ? क्या भ्रष्टाचार में कमी आयी? क्या प्रदेश में गुण्डाराज समाप्त हुआ?

जनमानस में पहले से यह धारणा बनी हुई है कि सपा जब भी सत्ता में आती है तो कानून व्यवस्था के समक्ष चुनौतियाँ बहुत बढ़ जाती हैं। इस सरकार पर समय-समय पर यह भी आरोप लगता रहा है कि समाजवादी पार्टी की सरकार कानून व्यवस्था के प्रति उतनी सजग, सक्रिय नहीं होती है जितना उसे होना चाहिए।

2012 में प्रदेश में समाजवादी पार्टी की सरकार बनने के 1 वर्ष बाद ही इसे मुजफ्फरनगर दंगों का सामना करना पड़ा। 27 अगस्त 2013 को मुजफ्फरनगर के कवाल गाँव में जाट-मुस्लिम हिंसा के साथ दंगा शुरू हुआ। 21 दिन तक चली इस साम्प्रदायिक हिंसा में 43 मौतें हुईं, 93 हताहत हुए, 1000 गिरफ्तारी हुईं तथा 10000 लोग नजरबन्द किये गये। इस मामले में 17 एफ.आई. आर. बी.जे.पी. और भारतीय किसान यूनियन के विरुद्ध दर्ज हुई। साम्प्रदायिक हिंसा की आग पश्चिमी उत्तर प्रदेश के शामली, बागपत तथा सहारनपुर तक पहुँची और इसका प्रभाव ग्रामीण क्षेत्रों में भी व्यापक रूप से पड़ा। हिंसा पर नियन्त्रण पाने के लिए स्थान-स्थान

पर कर्फ्यू के साथ सेना की मदद लेनी पड़ी। प्रदेश सरकार ने इन दंगों की जाँच हेतु सेवानिवृत्त न्यायमूर्ति विष्णु सहाय की अध्यक्षता में एक सदस्यीय न्यायिक समिति गठित की।

मुजफ्फरनगर दंगों को लेकर प्रदेश सरकार पर चारों ओर से उँगलियाँ उठीं। प्रशासनिक सूझ-बूझ के अभाव के कारण इन साम्प्रदायिक दंगों को रोकने के लिए प्रदेश सरकार के प्रयास नाकाफी रहे। प्रदेश सरकार के इन दंगों में पक्षपातपूर्ण रवैये की भी बहुत आलोचना हुई। सरकार के एक वरिष्ठ मुस्लिम मन्त्री के कहने पर आरोपियों को छोड़ने की भी बहुत चर्चा हुई। न्यूज चैनल 'आज तक' ने इन दंगों पर एक स्टिंग आपरेशन किया जिसमें राजनीतिक हस्तक्षेप के आरोपों की पुष्टि हुई।

मुजफ्फरनगर दंगों के बहुत दूरगामी परिणाम देखने को मिले। जहाँ एक ओर प्रदेश सरकार के पक्षपातपूर्ण रवैये के कारण धर्म के आधार पर वोटों का ध्रुवीकरण हुआ और समाजवादी पार्टी की 2014 के लोकसभा चुनाव में करारी हार हुई, वहीं दूसरी ओर दंगों के बाद 40 हजार लोगों के बेघर हो जाने के कारण उनका पलायन अन्य स्थानों पर हुआ। मानवाधिकार आयोग ने अपनी रिपोर्ट में 2013 के दंगों के बाद हजारों की तादाद में मुस्लिम परिवारों के कैराना आ जाने से डेमोग्राफिक बदलाव का उल्लेख किया। राजनीतिक पार्टियों ने कैराना पलायन पर खूब राजनीतिक रोटियाँ सेंकीं। किन्तु यह सत्य है कि उत्तर प्रदेश में मुस्लिम और हिन्दू बाहुल्य इलाकों से एक सम्प्रदाय के लोगों का दूसरी जगह शिफ्ट होना आम होता जा रहा है। इसे सामाजिक सुरक्षा और रोजगार से जोड़कर भी देखा जा सकता है।

आज प्रदेश में राजनीतिक संरक्षण प्राप्त अपराधियों की भरमार है। आत्म रक्षा के नाम पर लिए गये असलहे हत्या, लूटपाट, जनता को डराने-धमकाने और जमीनों पर कब्जा करने के लिए बेधड़क इस्तेमाल किये जा रहे हैं। छोटे-बड़े नेता गनर और शैडो लेकर चल रहे हैं क्योंकि यह स्वयं की सुरक्षा के स्थान पर आज स्टेटस सिम्बल बन गया है।

इस सम्बन्ध में गाँधी जी के जीवन से सम्बन्धित एक घटना सहज ही स्मरण आती है। दुबले-पतले बापू जब दक्षिण अफ्रीका में थे, उनकी जीवन पद्वति से क्षुब्ध कुछ लोग उन्हें नुकसान पहुँचाने की योजना बनाने लगे। उनके एक अंग्रेज मित्र कैनल बैक को लगा कि ऐसे लोग कभी गाँधी जी पर हमला कर सकते हैं, इसलिए मित्र की भूमिका निभाते हुए गाँधी जी के साथ अपने कोट की जेब में रिवाल्वर छिपाकर ले जाते। गाँधी जी को इसकी जानकारी नहीं थी। एक दिन अचानक जब गाँधी जी को पता चला तो उन्होंने हँसते हुए कहा, रस्किन और टॉलस्टॉय की पुस्तकों का अध्ययन तो मैंने भी किया है, क्या उसमें कहीं लिखा है कि अकारण रिवाल्वर जेब में रखा जाये। गाँधी जी बोले, अच्छा! तो आप मेरी रक्षा करना चाहते हैं। मेरी रक्षा का दायित्व अब तक ईश्वर के हाथ में था और अब आप उसे अपने हाथों में ले रहे हैं। आपने ईश्वर के अधिकार को भी छीन लिया।

उत्तर प्रदेश महिलाओं की सुरक्षा के मामले में भी बहुत पिछड़ा हुआ है। राष्ट्रीय महिला आयोग द्वारा जारी आँकड़ों के मुताबिक पूरे देश में प्राप्त कुल शिकायतों 12338 में से अकेले उत्तर प्रदेश में अगस्त 2016 तक 7198 शिकायतें प्राप्त हुईं जिनमें से 2229 मामले पुलिस द्वारा पक्षपात किये जाने से सम्बन्धित थे। 2181 शिकायतें यौन शोषण व दुराचार की थीं जबकि 870 मामले दहेज से सम्बन्धित थे। महिला उत्पीड़न के सबसे ज्यादा मामले गाजियाबाद (579), आगरा (504), मथुरा (343), मेरठ (256) और गौतमबुद्धनगर (247) में दर्ज हुए। राष्ट्रीय महिला आयोग की अध्यक्ष ललिता कुमार मंगलम ने कहा है कि यूपी में महिलाओं की सुरक्षा को लेकर सबसे खराब हालात है। इसकी सबसे बड़ी वजह अपराधियों की मानसिकता है। जिन्हें लगता है कि वे कुछ भी करें उनका कोई कुछ भी नहीं कर सकता। उनका कहना है कि यूपी में पुलिस से लेकर प्रशासन तक कोई भी महिलाओं की शिकायतों को सुलझाने के लिए गम्भीर नहीं है। प्रदेश में शोहदों के हौसले इस कदर बुलन्द हैं कि स्कूल-कालेज आती-जाती लड़कियों के साथ

फिकरेवाजी और छेड़छाड़ सरेआम करते नजर आते हैं किन्तु पुलिस सब कुछ जानकर भी अनजान बनी रहती है। ऐसी भी खबरें प्रकाश में आयी हैं कि ग्रामीण इलाकों में तो शहरों से आतंकित छात्राओं ने स्कूल जाना भी बन्द कर दिया है।

उत्तर प्रदेश में कानून व्यवस्था और विशेष रूप से महिला सुरक्षा का कितना बुरा हाल है इसका एक प्रमाण राष्ट्रीय राजमार्ग 91 पर बुलन्दशहर के नजदीक एक महिला और उसकी नाबालिग पुत्री के साथ हुई कथित दुष्कर्म की घटना है। यह घटना स्तब्ध करने वाली है और उत्तर प्रदेश में कानून व्यवस्था की शर्मनाक स्थिति को बयान करती है। यह घटना राज्य सरकार के इकबाल पर प्रश्न है। दुखद यह है कि पहले तो पुलिस आदतन मामले को दबाने की कोशिश में जुटी रही और फिर मेडिकल कराने के बाद पीड़ित परिवार को जबरन शाहजहाँपुर रवाना कर दिया गया। पीड़ित परिवार खून के आँसू पीकर मरता क्या न करता वाली तर्ज पर जाने को विवश हुआ। आखिर पुलिस का मनोबल किसकी शह पर इस कदर बढ़ा है वह किसको बचाना चाह रही है। इस मामले में भी अन्ततोगत्वा हाईकोर्ट को मामले की विवेचना सी.बी.आई. को सौंपे जाने के आदेश देने पड़े।

निश्चय ही बलात्कार सिर्फ कानून में दर्ज एक अपराध भर नहीं है, बल्कि इसका सम्बन्ध मानसिकता से भी है, पर यह वारदात बताती है कि अपराधियों में न तो पुलिस का डर है, न कानून का। जब नेशनल हाईवे पर पुलिस की मुस्तैदी का यह हाल है, तो दूरस्थ ग्रामीण क्षेत्रों का सिर्फ अन्दाजा ही लगाया जा सकता है लेकिन दिल्ली-कानपुर राष्ट्रीय राजमार्ग पर हुई यह वारदात यह सोचने को भी मजबूर करती है कि क्या विकास का मतलब सिर्फ चमचमाती सड़कें, मैट्रो और आकाश में लटकते फ्लाई ओवर भर हैं?

समाजवादी पार्टी की सरकार ने लड़कियों की सुरक्षा के उपचार हेतु 1090 वूमेन पावर लाइन प्रारम्भ की। प्रदेश सरकार द्वारा इसे सरकार की प्रमुख उपलब्धियों में से एक बताया जा रहा है। एक दिन समाचार-पत्र में यह समाचार पढ़ने को मिला कि 1090-प्रभारी

ही छात्रा पर डालने लगे डोरे। प्रभारी ने व्हाटसअप पर लगी छात्रा की डी.पी. (डिसप्ले पिक्चर) की तारीफ की और केस के सिलसिले में बातचीत करने के लिए उसे आफिस के बाहर मिलने को कहा। शिकायत होने पर वूमेन पावर लाइन प्रभारी को हटाकर जाँच बैठाने की रस्म अदायगी तो कर दी गयी, पर सरकार ने यह क्यों नहीं सोचा कि नेकनीयती से प्रारम्भ किये गये एक प्रशंसनीय प्रयास के कारण उसकी इतनी किरकिरी क्यों हुई। सरकार को इतने महत्त्वपूर्ण पदों पर ईमानदार एवं चरित्रवान अधिकारियों को तैनात करना चाहिए।

कोई दो राय नहीं कि प्रदेश में अपराध बेतहाशा बढ़ रहे हैं और अपराधियों के हौसले बुलन्द हैं। लूटपाट तो आम हो गयी है और पुलिस वाले तक मारे जा रहे हैं। कारोबारी हर पल असुरक्षित हैं। बहन-बेटियों का सड़क पर निकलना भी दूभर हो गया है। जहाँ कहीं भी उत्तर प्रदेश की चर्चा होती है, कानून व्यवस्था की बदहाली और अपराध नियन्त्रण पर पुलिस की नाकामी का मुद्दा प्रमुख होता है। थानों में जातिगत आधार पर तैनाती के आरोप अब पुराने हो चुके हैं। पुलिस की शान में कसीदे पढ़ते हुए दावा किया जाता है कि उ.प्र. पुलिस अत्याधुनिक हथियारों से लैस होकर स्काटलैंड पुलिस की तर्ज पर काम कर रही है। लेकिन, अपराधी इन दावों की एक ही झटके में हवा निकाल देते हैं। जिनसे स्पष्ट है कि अपराध नियन्त्रण की व्यवस्था पटरी से उतर चुकी है। तीन दिन पहले ही पुलिस महानिदेशक जावेद अहमद ने चिट्ठी लिखकर पुलिस को लम्बी-चौड़ी नसीहतें दी थीं। इस चिट्ठी में पुलिस से आचार-विचार से लेकर कार्यप्रणाली तक में सुधार लाने की गुंजाइश बतायी गयी थी। इस बीच मुख्य सचिव ने भी अफसरों के पेंच कसे हैं लेकिन सारी कवायद निरर्थक रही। विचार किया जाना चाहिए कि आखिर प्रदेश में अपराध क्यों थामे नहीं थमते? क्यों उच्च अधिकारी की नसीहतें और फरमान फुर्र हो जाते हैं।

प्रदेश में आज पार्कों, मैदानों, चरागाहों, तालाबों तथा सार्वजनिक महत्त्व व उपयोग की भूमि व भवनों पर अनधिकृत व्यक्तियों द्वारा

कब्जा किया जा रहा है। आरोप यह है कि ऐसे आपराधिक तत्त्वों को समाजवादी पार्टी के समर्थकों का संरक्षण प्राप्त है। प्रदेश में आज उ.प्र. पार्कों, खेलकूद के मैदानों एवं खुले स्थानों का (संरक्षण एवं नियमन) अधिनियम 1975, उ.प्र. वृक्ष संरक्षण अधिनियम 1976, उ.प्र. सार्वजनिक सम्पत्ति क्षति निवारण 1984 तथा उत्तर प्रदेश भू राजस्व संहिता 2006 आदि कानूनों का खुलेआम उल्लंघन हो रहा है। इसी कारण राज्यपाल श्री रामनाईक को राज्य सरकार को प्रदेश में अवैध कब्जों पर श्वेत पत्र जारी करने के निर्देश तक देने पड़े।

मथुरा के जवाहर बाग की सैकड़ों एकड़ सरकारी जमीन पर सत्याग्रह के नाम पर वर्षों से कब्जा जमाये बैठे कथित सत्याग्रहियों से 2 जून 2016 को कब्जा हटाने की घटना ने प्रदेश सरकार को कठघरे में खड़ा कर दिया। इस घटना में एस.पी. सिटी मुकुल द्विवेदी और एस.ओ. फराह सन्तोष यादव दिवंगत हुए। लगभग 20 अन्य व्यक्तियों की भी मौत हुई।

मथुरा के जवाहर बाग काण्ड में पुलिस के दो जांबाज अफसरों की मौत पर सोशल मीडिया पर काफी चर्चा हुई। पत्रकार रवीश कुमार ने उ.प्र. की भारतीय पुलिस सेवा के अधिकारियों पर कटाक्ष करते हुए सोशल मीडिया पर एक चिट्ठी लिखी जिसमें उन्होंने मथुरा में एस.पी. सिटी मुकुल द्विवेदी और थानाध्यक्ष सन्तोष यादव की मौत पर पुलिस अफसरों की चुप्पी पर एतराज करते हुए कहा कि क्या उ.प्र. के आई.पी.एस. अधिकारी इस वक्त क्या कुछ ऐसा सोच रहे हैं, जिससे आपके सोचने से कुछ हो या ऐसा सोच रहे हैं कि क्या किया जा सकता है? आप सबने हर जगह समर्पण किया है और अब हालत यह हो गयी है कि आप अपने गम का इजहार नहीं कर सकते। उन्होंने अपने ब्लॉग में लिखा–"हमारे देश की जवानियाँ जिन पर मुझे कभी नाज रहा, नम्बर लाने और मुलाजमत के सपने देखने में ही खप जाती हैं। बाकी हिस्सा तो इस ख्वाब को देखने की कीमत वसूलने में खपा देती है जिसे हम दहेज से लेकर रिश्वत और राजनीतिक निष्ठा क्या-क्या नहीं कहते हैं।" आपके

कई साथियों को दिल्ली से लेकर तमाम राज्यों में कमिश्नर बनने के बाद राज्यपाल से लेकर सांसद और आयोगों के सदस्य बनने की चाह में गिरता देखा है। यह मत बताइए कि आपको यह इनाम राजनीतिक व्यवस्थाएँ आपके हुनर और अनुभव के बदले देती हैं।

अपने ब्लॉग में यह पूछा है कि क्या आप भारतीय पुलिस सेवा नाम के खँडहर को देख पा रहे हैं। मैं तो इन खँडहरों में वर्दी और कानून से लैस खूबसूरत नौजवान और वर्दी पहनते ही वृद्ध हो चुके अफसरों की बात कर रहा हूँ। क्या आपके बीच बेहतर, निष्पक्ष और तत्पर पुलिस बनने के ख्वाब मर गये हैं? आप सबने हर जगह समर्पण किया है और अब हालत यह हो गयी कि आप अपने गम का भी इजहार नहीं कर सकते।

आगे उन्होंने लिखा है कि मामूली घटनाओं से लेकर आतंकवाद के नाम पर झूठे आरोपों में फँसाए गये नौजवान के किस्से बताते हैं कि भारतीय पुलिस सेवा के खँडहर अब ढहने लगे हैं। दंगों से लेकर बलवों में या तो आप चुप रहे, जाँच अधूरी की और किसी को भी फँसा दिया। आप कम से कम भारतीय पुलिस सेवा के भारतीय होने का फर्ज तो अदा करें। आप हर जगह सरकारों के इशारों पर काम कर रहे हैं। कभी-कभी अपने जमीर का इशारा भी देख लीजिए। तबादला और पदोन्नति के बदले इतनी बड़ी कीमत मत चुकाइए।

रवीश कुमार के इस सार्वजनिक पत्र पर आई.पी.एस. अफसर और नोएडा के एस.एस.पी. धर्मेन्द्र सिंह ने बड़ी बेबाकी से जो जवाब दिया है उसमें सिस्टम के बदलाव के साथ-साथ खाकी की कसक भी उतनी ही शिद्दत से झलकती है। धर्मेन्द्र सिंह ने लिखा है : आप खुलकर कह दे रहे हैं। हम खुलकर कह नहीं सकते। हमारी आचरण नियमावली बदलवा दीजिए फिर हमारे भी तर्क सुन लीजिए। आपको हर सवाल का हम उत्तर नहीं दे सकते। माफ कीजिएगा। हर सवाल का जवाब है पर हमारा बोलना जनहित में अनुमन्य नहीं है। कभी इस वर्दी का दर्द सिरहाने रखकर सोइए, सुबह उठेंगे तो पलकें भरी होंगी। क्या खूब सेवा है, जिसकी शुरुआत अधिकारों के निर्बन्धन अधिनियम से शुरू होती है। क्या

खूब सेवा है जिसे न हड़ताल का हक है न सार्वजनिक विरोध का। ...आपने सही कहा कि अपने जमीर का इशारा भी समझें। क्या करें खोटे सिक्के अकेले इसी महकमे की टकसाल में नहीं ढलते। कुछ आपके पेशे में भी होंगे। ...चन्द खोटे सिक्कों के लिए जिस तरह आपकी पूरी टकसाल जिम्मेदार नहीं, उसी तरह से हमारी टकसाल कैसे जिम्मेदार हुई...जिस तरह हमें अपनी वेदना व्यक्त करने को कहा गया है, उस तरह कोई सुनता नहीं। अन्य तरीका जनहित में अलाउड नहीं। ...मुकुल और सन्तोष की इस ट्रेजडी को समझिए सर! इसी घटना में अगर मुकुल और सन्तोष ने 24 आदमी कुशलतापूर्वक ढेर कर दिये होते तो आज उन पर 156(3) में एफ.आई.आर. होती। मानवाधिकार की एक टीम ऑन स्पॉट जाँच के लिए मौके पर रवाना हो चुकी होती। तब निबन्ध और लेख कुछ और होते। ...भारतीय पुलिस सेवा का खँडहर यहीं हमारी आपकी आँखों के सामने बना है। कुछ स्तम्भ हमने खुद ढहा दिये, कुछ दूसरों ने मरम्मत नहीं होने दी। हमने कब कहा कि हम बदलना नहीं चाहते। एक खत इस देश की जनता के नाम भी लिखें कि वह तय करे उन्हें कैसी पुलिस चाहिए। हम चिल्ला-चिल्लाकर कह रहे हैं कि बदल दो हमें। बदल दो 1861 के एक्ट की वह प्राथमिकता जो कहती है गुप्त सूचनाओं का संग्रह हमारी पहली ड्यूटी है और जनसेवा सबसे आखिरी। क्यों नहीं जनता अपने जनप्रतिनिधियों पर पुलिस सुधारों का दबाव बनाती है? ...यह सही है कि हममें भी वह कमजोरियाँ घर कर गयी हैं जो जमीर को पंगु बना देती हैं, पर सच मानिए हम लड़ रहे हैं जीत में आप लोगों की भी मदद आवश्यक है। पुलिस को सिर्फ-सिर्फ मसाला मुहैया कराने वाली एजेन्सी की नजर से न देखा जाये। जो निन्दा योग्य है उसे खूब गरियाया जाये, पर उसे हमारे सर्विस के प्रतिनिधि के तौर पर न माना जाये। हमारी सेवा का प्रतिनिधित्व करने लायक अब भी बहुत अज्ञात और अल्प ज्ञात लोग हमारे बीच मौजूद हैं जो न सुधारों के दुकानदार हैं और न आत्मसम्मान के कारोबारी।

इन्होंने केदारनाथ अग्रवाल की निम्नलिखित पंक्तियाँ लिखकर

अपनी पीड़ा व्यक्त करने का प्रयास किया है—

सबसे आगे हम हैं
पाँव दुखाने में
सबसे पीछे हम हैं
पाँव पुजाने में
सबसे ऊपर हम हैं
व्योम झुकाने में
सबसे नीचे हम हैं
नींव उठाने में।

सूबे के पूर्व डी.जी.पी. प्रकाश सिंह का कहना है कि राज्य सरकारें वर्चस्व कायम रखने के लिए पुलिस रिफार्म्स नहीं होने देना चाहती हैं। यहाँ तक कि वे इस मामले में सुप्रीम कोर्ट के निर्देशों को भी दरकिनार कर देती हैं और उसकी आँखों में धूल झोंक रही हैं। कागजों पर ही निर्देशों को लागू कर दिया जाता है। यही रिपोर्ट कोर्ट में भेज दी जाती है। ब्यूरोक्रेसी भी पुलिस पर घुड़सवारी करना चाहती है। राजनेता और नौकरशाह द्वारा पुलिस को अपने काबू में रखना भी एक नशा जैसा है। वे पुलिस का इस्तेमाल अपने हिसाब से करते हैं। अपने लोग यदि किसी मामले में फँस जाते हैं तो सत्ताधारी दल उसे छुड़ाने के लिए दबाव बनाते हैं। यदि विरोधी लोग हैं तो उन्हें फँसाने के लिए पुलिस पर दबाव बनाया जाता है। सरकारें पुलिस से हर काम ले लेती हैं लेकिन संसाधन व सुविधाएँ नहीं देना चाहतीं।

पूर्व डी.जी.पी. श्रीराम अरुण का कहना है कि राजनीतिक इच्छा शक्ति नहीं होने से पुलिस रिफार्म्स अटके हुए हैं। उनका कहना है कि पुलिस सुधारों में एक बड़ी बाधा आई.ए.एस. अफसर है और आई.ए.एस. लॉवी के विरोध के कारण सरकारें भी पुलिस सुधारों में दिलचस्पी नहीं दिखातीं। उनका कहना है कि थानाध्यक्ष से लेकर डी.जी.पी. तक का न्यूनतम कार्यकाल तीन साल तक होना चाहिए क्योंकि जब तक अफसर चीजों को समझेंगे नहीं तब तक कानून व्यवस्था में सुधार कैसे होगा। उन्होंने दस लाख से अधिक आबादी

वाले शहरों में पुलिस कमिश्नर प्रणाली लागू करने की बात भी कही है।

सुप्रीम कोर्ट ने वर्ष 2006 में पुलिस सुधारों के लिए कई दिशा निर्देश दिये थे। जिसमें प्रत्येक राज्य में स्टेट सेक्यूरिटी कमीशन का गठन, आपराधिक जाँच, और अभियोजन के कार्यों के लिए अलग-अलग पुलिस की व्यवस्था तथा पुलिस शिकायत निवारण प्राधिकरण का गठन प्रमुख था। सुप्रीम कोर्ट ने पुलिस महानिदेशक की मेरिट के आधार पर नियुक्ति में भी सिफारिश की थी कि उनका कार्यकाल कम से कम दो वर्ष हो। इसी तरह एस.एस.पी. व थाना इंचार्ज का कार्यकाल भी कम से कम दो वर्ष होना चाहिए।

सबसे खराब बात यह है कि समाजवादी पार्टी की सरकार बनते ही न केवल किस्म-किस्म के अपराधी तत्त्व बेलगाम होते दिखते हैं, बल्कि उनके दुस्साहस का शिकार पुलिस भी बनती है। यह सामान्य बात नहीं है कि पिछले चार वर्षों में पुलिसकर्मियों पर हमले की एक हजार से अधिक घटनाएँ हो चुकी हैं जिनमें कहीं पुलिसकर्मी और अधिकारियों को अपनी जान गँवानी पड़ी है। समाचार-पत्र ऐसी तमाम खबरों से भरे रहते हैं जो पुलिस पर हुए हमले का किस्सा बयान करते हैं। राजा का रामपुर (एटा) में एस.ओ. पर खनन माफिया ने हमला किया, हैदरगढ़ (बाराबंकी) के सुल्तानपुर गाँव में दरोगा और सिपाही को ग्रामीणों ने पीटा, सहजनवाँ (गोरखपुर) में गाँव में जमीन का विवाद शान्त करवाने पहुँचे पुलिस वालों को गाँव वालों ने बन्धक बनाकर उनकी बाइक व पिस्टल छीन ली। यह ऐसी घटनाएँ हैं जो प्रदेश में व्याप्त गुण्डाराज की ओर इशारा करती हैं।

विधानसभा में एक प्रश्न के उत्तर में सरकार ने बताया कि 2013 में 8 बार, 2014 में 14 बार तथा 2015 में 16 बार थानों में पुलिस को पीटा गया। इसी प्रकार 2013 में 2 बार और 2015 में 4 बार थानों में हमलाकर अपराधी छुड़ा लिए गये।

समाजवादी पार्टी की सरकार में प्रदेश भर के थानों में एक जाति विशेष के अधिकारियों की तैनाती सर्वविदित है। मेरिट तथा योग्यता को अनदेखा कर की गयी यह व्यवस्था से जहाँ एक

ओर अन्य जाति के पुलिसकर्मियों में असन्तोष है और उनका मनोबल गिरा है वहीं दूसरी ओर इस जाति विशेष के थानेदारों द्वारा उनसे उच्च अधिकारियों की बात भी न सुनने से अनुशासनहीनता बढ़ी है। सरकार शायद यह सिद्ध करना चाहती है कि कानून व्यवस्था की समझ, चतुरता और जनसेवा का अधिकार केवल इन्हीं अधिकारियों को है।

जनवरी 2016 में डी.जी.पी. ने थानेदारों की तैनाती की अधिकतम उम्र और मानक तय करने के सम्बन्ध में आदेश जारी किया जिससे महकमे में हड़कम्प मच गया। किन्तु समय-समय पर जारी शासनादेश और डी.जी.पी. के निर्देश का कतई भी पालन नहीं किया गया। स्पष्ट है कि डी.जी.पी. के आदेश पर उनके राजनीतिक आका भारी पड़े। थानेदारों की तैनाती में राजनीतिक दखल का आलम यह है कि मौजूदा सरकार के शासनादेश को ही दरकिनार करके दारोगाओं को इंस्पेक्टर के थानों को चार्ज सौंपने का सिलसिला जारी है।

महत्त्वपूर्ण थानों में नौकरी के आखिरी पड़ाव में पहुँच चुके दर्जनों इंस्पेक्टर थानों का चार्ज सँभाले हैं। दागी दारोगा-इंस्पेक्टरों ने थानों के चार्ज झटक रखे हैं और उनके खेल नजरअन्दाज किये जा रहे हैं। वारदातों का खुलासा न कर पाने वाले इंस्पेक्टर मलाईदार थानों पर काबिज हैं। कुत्ते की खाल को शेर की, खिलौना बन्दूकों, घातक असलहे बताने का फर्जीवाड़ा, सेक्स रैकेट संचालिकाओं से सम्बन्ध रखने के लिए चर्चित इंस्पेक्टर अच्छी पोस्टिंग पा रहे हैं। आज यह स्थिति है कि प्रदेश के बेलगाम थानेदारों के कारण पूरे प्रदेश में दहशत का माहौल है। पुलिस की अपराधियों से साँठ-गाँठ, चोरी व अन्य फर्जी घटनाएँ बताकर निर्दोषों को सताना और गिरफ्तार करना तथा बड़ी-बड़ी वारदातों को मामूली घटना बताना आम बात हो चुकी है। वारदात छिपाने में माहिर और खुलासे में फिसड्डी थानेदार आज मौज कर रहे हैं।

समाजवादी पार्टी के कार्यकर्ताओं के राष्ट्रीय राजमार्गों पर बने टोल पर मारपीट करना और पार्टी के जिलाध्यक्षों और उनके चालकों

द्वारा ट्रैफिक पुलिसकर्मियों से दबंगई करना विरोधी राजनीतिक दलों के शीर्ष नेताओं के इस आरोप की पुष्टि करते हैं कि समाजवादी पार्टी के कार्यकाल में गुण्डाराज कायम हो जाता है।

सपा सरकार के समय राजनीतिक संरक्षण में पनप रहे अपराध और प्रदेश भर के थानों में एक जाति विशेष की थानेदार के पद पर तैनाती प्रदेश की कानून व्यवस्था को ध्वस्त करने के लिए नाकाफी थी जो पुलिस का मनोबल और गिराने के लिए गोरखपुर के वरिष्ठ पुलिस अधीक्षक अनन्त देव का प्रदेश सरकार ने निलम्बन कर दिया। यह निलम्बन गोरखपुर के समाजवादी पार्टी के पूर्व जिलाध्यक्ष और उम्र कैद की सजा काट रहे गोपाल यादव के पुत्र जिला सचिव गौरव यादव की पुलिस द्वारा पिटाई के कारण किया गया। इस तरह का यह पहला वाकया नहीं है। इससे पहले भी सत्ता तक पहुँच रखने वाले नेताओं के आगे पुलिस बौनी नजर आयी है। मामला जब नेता बनाम अफसर का हो तो अक्सर नेता भारी पड़ते हैं। हर बार की तरह इस बार भी आई.पी.एस. एसोसिएशन इस बारे में मौन है। मलाईदार पोस्टिंग की चाह में अफसर कुछ भी बोलने को तैयार नहीं होते हैं।

इससे पूर्व सपा मुखिया पर आरोप लगाने वाले अमिताभ ठाकुर को भी निलंबित किया गया था हालाँकि बाद में उन्हें अदालत से राहत मिल गयी। प्रदेश की कानून व्यवस्था और पुलिस के गिरे हुए मनोबल का इससे बड़ा और क्या उदाहरण हो सकता है कि अमिताभ ठाकुर ने प्रदेश सरकार के लोगों को शक्तिशाली बताते हुए किसी अन्य राज्य में उनका काडर परिवर्तित करने हेतु आवेदन किया है। यदि आईजी स्तर का अधिकारी अपने जानमाल को उत्तर प्रदेश में असुरक्षित अनुभव कर रहा है तो आम आदमी की स्थिति का सहज ही अनुमान लगाया जा सकता है।

अनन्त देव बीहड़ों में डकैतों के छक्के छुड़ाने वाले एनकाउण्टर स्पेशलिस्ट माने जाते थे। इन्होंने ददुआ और ठोकिया जैसे डकैतों का सफाया किया। इन्हें 60 बदमाशों का एनकाउण्टर करने के कारण एनकाउण्टर स्पेशलिस्ट के नाम से भी जाना जाता था।

इनकी वीरता के लिए इन्हें तीन बार राष्ट्रपति पुलिस मेडल से नवाजा गया था।

पूर्व डी.जी.पी. विक्रम सिंह कहते हैं कि नजीर पेश करने के लिए सरकारें इस तरह की कार्रवाई करती है। इसमें अनुशासित अफसरों पर कार्रवाई कर यह मैसेज दिया जाता है कि जैसा सरकार चाहती है वैसा ही करना होगा। यह न तो न्यायोचित है और न ही औचित्यपूर्ण है। आज आपराधिक छवि के नेता थाने में घुसकर वर्दी को अपमानित कर रहे हैं। इतना जुल्म तो अंग्रेजों ने भी नहीं किया था। उस समय सिपाही की वर्दी पर आज की आपकी वर्दी व ड्यूटी का कोई महत्त्व नहीं रह गया है। निलम्बन का भी तरीका होता है। पहले नोटिस दीजिए। जवाब माँगा जाये। यदि उसमें सन्तुष्ट न हो तब निलम्बित किया जाना चाहिए लेकिन आजकल निलम्बित पहले कर दिया जाता।

समाजवाद का नारा देने वाली सरकार ने विशेष रूप से राजधानी, जो पहले से ही ट्रैफिक जाम की समस्या से जूझ रही है, महत्त्वपूर्ण सड़कों के दोनों ओर साइकिल पथ बनवा कर 2017 में होने वाले लोकतान्त्रिक पर्व में विजयी होने के प्रयासों का श्रीगणेश कर दिया है। जनता की गाढ़ी कमाई से करोड़ों रुपये से बनवाये गये इन साइकिल पथ की उपयोगिता पर जनता द्वारा प्रश्न पूछा जाना स्वाभाविक है। आप भाग्यशाली होंगे यदि इनका प्रयोग किसी साइकिल सवार द्वारा किया जाता आपको दिख जायेगा। कहीं यह अपनी राजनीतिक पार्टी के चुनाव चिह्न का प्रचार प्रसार करने का राजनीतिक स्टंट तो नहीं है? 2017 में सत्ता में वापस न लौटने की स्थिति में इस अभिनव प्रयोग का क्या हश्र होगा, किसी से छिपा नहीं है।

यह वास्तविकता है कि आज भी साइकिल लाखों लोगों के आवागमन और रोजी-रोटी का साधन है और जिसे बड़े लोग हिकारत से देखते हैं। आज उसे फैशन बनाने का प्रयास किया जा रहा है और कुछ बड़े लोग उसे चलाते हुए फोटो खिंचवाते देखे जाते हैं। आज इस चुनाव चिह्न के प्रयोग को वक्त की माँग और

स्मार्टनेस की पहचान बताने का प्रयास किया जा रहा है।

वर्तमान प्रदेश सरकार के इस प्रयास ने और कुछ दिया हो न दिया हो, वह पुराने दिन जरूर याद दिला दिये जब हम लोग साइकिल से ही चलते थे, साँस लेने के लिए स्वच्छ हवा थी, शुद्ध दूध मिलता था, दाल-रोटी सर्व सुलभ थी, सब्जियों में रसायन का प्रयोग नहीं होता था और जब रिश्ते बिना फ्रैण्ड रिक्वेस्ट के ही बन जाते थे।

उत्तर प्रदेश को उत्तम प्रदेश बनाने का सपना दिखाने वाली प्रदेश की वर्तमान सरकार के शीर्ष पर बैठे लोगों ने दिल्ली सरकार के सम-विषम फार्मूले को बकवास बताते हुए, प्रदूषण की जंग लड़ने के लिए साइकिल को सबसे कारगर विकल्प बताया। कहीं इन्हें यह गलतफहमी तो नहीं हो गयी कि इनके एक आह्वान पर आवागमन के लिए कार का प्रयोग करने वाले प्रदेशवासी अपनी-अपनी कारों को छोड़कर साइकिल पर चलने लगेंगे। एक समाचार-पत्र के सम्पादकीय लेख में सपा सरकार द्वारा इसे अपने चुनाव चिह्न का सांकेतिक प्रचार की संज्ञा देते हुए इनके व्यंगात्मक कटाक्ष भी किये। इस लेख में लेखक ने तंज कसते हुए यह तक लिख दिया कि *"मोटरकारें आज सुबुक-सुबुक कर यही गुनगुना रही हैं, वक्त ने ये किया क्या हँसी सितम, जिन्हें सड़कों पर ढेर करते हम, वही साइकिलें सड़कों पर दिखा रहीं दम।"* इस लेख में लेखक ने साइकिल के राजनीतिक प्रचार पर व्यंग करते हुए भविष्य में फ़िल्मों में किसी गीतकार द्वारा साइकिल से सम्बन्धित गीतों के प्रचलन की सम्भावना व्यक्त करते हुए लिखा है कि *"नायक-नायिका के लिए गायेंगे कि मेरी साइकिल के डंडे पर बैठ जा, संडे को फन-डे मनायेंगे, हिल-टाप जायेंगे, कंडे जलायेंगे, कंडे जलाकर ठंडी भगायेंगे।"* जिस पार्टी के जिलाध्यक्ष तक की अनधिकृत रूप से हूटर युक्त कार को हजरतगंज चौराहे पर पुलिस द्वारा रोकने पर उसका चालक तक पुलिस की वर्दी उतरवा देने की धमकी देता है, उस पार्टी के पदाधिकारी व कार्यकर्ता बड़ी कार पर चलने का क्या मोह त्याग कर सकेंगे? इनके पदाधिकारियों की बड़ी-बड़ी गाड़ियों में

असलहों से लैस होकर पार्टी का झंडा लगाये काफिले जब राष्ट्रीय राजमार्गों से गुजरते हैं, तो मार्ग में बने टोल प्लाजा पर मारपीट और गोली तक चलाये जाने की घटनाएँ आम हैं।

यू.पी. में सबसे ज्यादा जनसंख्या घनत्व वाले पूर्वांचल ने आजादी के बाद भले प्रदेश को सबसे ज्यादा 11 मुख्यमन्त्री दिये हों पर बेरोजगारों की संख्या में भी यह इलाका सबसे आगे है। अपनी खास सिल्क साड़ियों के लिए मशहूर मऊ जिले को कभी पूर्वांचल का मेनचेस्टर कहकर पुकारा जाता था। मऊ से आजमगढ़ की ओर चलने पर बदहाली की दास्तान भी दिखाई देती है। परदहा इलाके में 85 एकड़ में फैली प्रदेश की सबसे बड़ी कताई मिल बन्द पड़ी है। यहाँ के बने धागों की देश-विदेश में माँग थी। 5000 परिवारों का पेट पालने वाली यह मिल जब 10 साल पहले बन्द हुई तो हजारों बेरोजगार हो गये। यहीं से दो किलोमीटर पर बन्द पड़ी स्वदेशी काटन मिल का परिसर भी अब खँडहर हो चुका है। बलिया के रसड़ा क्षेत्र के माधवपुर गाँव में मौजूद चीनी मिल को सरकार ने जनवरी 2013 में बन्द कर दिया। 500 से अधिक कर्मचारी एक झटके में बेरोजगार हो गये। आँकड़ों पर नजर दौड़ायें तो हालात भयावह नजर आते हैं।

प्रधानमन्त्री के संसदीय क्षेत्र वाराणसी में पिछले दस सालों के दौरान औद्योगिक क्षेत्र में चल रही 60 छोटी-बड़ी इकाइयाँ बन्द हो गयीं। इसी दौरान गोरखपुर में 80, बलिया में 25, भदोही में 75, मिर्जापुर में 65, चन्दौली में 60 छोटे-बड़े उद्योगों ने दम तोड़ दिया। वाराणसी के एक उद्यमी आर.के. गुप्ता बताते हैं, "सभी सरकारें तात्कालिक सियासी फायदे के लिए पूर्वांचल में नये उद्योगों की घोषणा कर रही हैं जबकि इनसे कम खर्चे में बन्द पड़े उद्योग दोबारा जी सकते हैं। बाजार की व्यवस्था न होने से नये उद्योगों का भविष्य भी सुरक्षित नहीं है।"

गंगा का उद्गम पहाड़ों में देव प्रयाग में भागीरथी तथा अलकनन्दा के संगम पर होता है। भारत के पाँच राज्यों—उत्तराखण्ड, उत्तर प्रदेश, बिहार, झारखण्ड, पश्चिम बंगाल से प्रवाहित होते हुए

किये गये सीवेज शोधन संयन्त्र या तो खराब रहते हैं या फिर पूरी क्षमता से काम नहीं करते। प्रदेश सरकार को गंगा कार्य योजना की पूर्व की विफलता से जरूरी सबक सीखने होंगे और अब ऐसा काम नहीं होगा जो धन एवं समय की बर्बादी का कारण बने। सम्प्रति गंगा किनारे स्थापित उद्योग धड़ल्ले से अपना विषाक्त कचरा गंगा में डाल रहे हैं और सरकार सिर्फ ऐसे आँकड़े जुटाने तक सीमित है कि किस शहर में कौन से उद्योग किस हद तक गंगा को गन्दा कर रहे हैं। सरकार को गंगा तट पर स्थापित कल-कारखानों को नदी से दूर ले जाने पर भी विचार करना होगा। प्रदेश में अनेक टेनरियाँ, चीनी मिलों और शराब कारखानों से गंगा को प्रदूषण से बचाना आवश्यक है। निःसन्देह उद्योग भी जरूरी हैं, लेकिन गंगा या अन्य नदियों की कीमत पर नहीं।

अखिलेश सरकार ने सत्ता सँभालते ही सभी जिला मुख्यालयों को फोरलेन सड़कों से जोड़ने के जो सपने दिखाये थे, उनके वर्तमान कार्यकाल में पूरे होने के कोई आसार नहीं हैं। 45 जिला मुख्यालयों को फोरलेन सड़कों से जोड़ने का लक्ष्य था, मगर अभी तक 4 वर्ष का समय व्यतीत हो जाने के बाद भी मात्र 15 जिलों में ही कार्य पूरा हो सका है। (पुस्तक के प्रकाशन तक इनकी संख्या बढ़ सकती है।)

सपा सरकार की इस घोषणा के समय 75 में से 45 जिला मुख्यालय फोरलेन सड़कों से नहीं जुड़े थे। यह तय हुआ कि इनमें से 19 जिले राष्ट्रीय राजमार्ग प्राधिकरण (एनएचएआई), 2 जिले पीडब्लूडी की एनएच विंग, 4 जिले राज्य राजमार्ग प्राधिकरण (उपशा) और 20 जिले पीडब्लूडी फोरलेन सड़कों से जोड़ेगी। सरकार ने यह दावा किया है कि चित्रकूट, देवरिया, बलरामपुर, लखीमपुर, हरदोई और गोण्डा में जिला मुख्यालयों को फोरलेन सड़कों से जोड़ने का काम इसी वर्ष पूर्ण कर लिया जायेगा।

प्रतिवर्ष सड़क हादसों में देश भर में अनेक मौतें होती हैं। सड़क पर पसरी मौतों के इन आँकड़ों में उत्तर प्रदेश सबसे ऊपर है। इसका प्रमुख कारण प्रदेश की जानलेवा सड़कें और बेपरवाह सरकार है। तुलनात्मक रूप से देखें तो वर्ष 2005 में उत्तर प्रदेश

में सड़क हादसों में रोजाना 26 मौतें हो रही थीं वहीं 2015 में यह आँकड़ा बढ़कर 48 हो गया है, यानी हर घंटे में दो मौतें। 2005 से 2015 के दौरान उत्तर प्रदेश में सड़क हादसों से 1,62,400 मौतें हुईं और 2 लाख से अधिक लोग घायल हुए।

निर्मम सच यह है कि सड़क हादसों के पीछे अनेक संकेतक बहुत स्पष्ट है। वाहन चालकों की गलती, वाहनों की तेज रफ्तार, ड्राइविंग लाइसेन्स जारी करने की भ्रष्ट और गड़बड़ व्यवस्था और खराब पुलिस और निगरानी व्यवस्था को ओर इशारा करते हैं। इसके अलावा गलती उन गैरजिम्मेदार अभिभावकों की भी है जो अपने नाबालिग बच्चों को वाहन चलाने से नहीं रोकते।

राज्य सरकार को सड़क हादसों से बचाव के लिए ठोस नीति बनानी होगी और उसका कड़ाई से पालन सुनिश्चित करना होगा ताकि सड़क हादसों की वजह से जानें चली जाने से परिवार बिखरने से बच सकें। पुलिसकर्मियों के संख्या बल में इज़ाफा करना होगा और ट्रैफिक पुलिसकर्मियों में व्याप्त भ्रष्टाचार को समाप्त करने के लिए उपाय ढूँढ़ने होंगे।

उत्तर प्रदेश के शहरी क्षेत्रों का आलम यह है कि सर्वत्र अव्यवस्था का बोल बाला है। गलियों, सड़कों से लेकर पुल के नीचे तक अतिक्रमण छाया हुआ है। सरकारी विभागों में आपसी तालमेल नहीं है। एक विभाग सड़क बनाता है तो दूसरा केबिल बिछाने के नाम पर उसे खोद देता है। कुछ दिन बाद कोई और विभाग अपने तार बिछाने लगता है और सड़क बेचारी जर्जर होती जाती है। निजी घर तो दूर की बात, सरकारी दफ्तरों में वर्षा जल संचयन नहीं हो रहा। शहर से तहसील और गाँवों को जाते मार्गों पर ही नहीं, हाइवे पर भी डग्गामार वाहन चलते देखे जा सकते हैं। आम आदमी जानता है कि ऐसी हर बुराई को शह किसी गलत अफसर, किसी गलत नेता की है ऐसे कितने ही दोष हैं जो उत्तर प्रदेश की छवि और यहाँ के लोगों का जीवन स्तर बिगाड़ते हैं पर वर्षा से कोई सुधार नहीं। ऐसे में उत्तर प्रदेश को उत्तम प्रदेश बनाने की सोच दूर की कौड़ी दिखती है।

वीरों की धरती बुन्देलखण्ड आज मानो विलाप और पलायन का दूसरा नाम है। पिछले आठ वर्षों में चार सूखा झेल चुके इस इलाके में फिर अकाल की दस्तक सुनाई दे रही है। खरीफ के नब्बे फीसदी से अधिक बर्बाद होने के बाद सिंचाई के अभाव में रबी की नब्बे प्रतिशत बुआई ही नहीं हो पायी है! यह उस इलाके की स्थिति है, जहाँ खेती ही रोजगार का एकमात्र जरिया है। आँकड़ों के मुताबिक 2015 में लगभग सवा सौ किसानों की जान गयी है, लेकिन व्यवस्थागत संवेदनहीनता का आलम यह है कि प्रदेश का सर्वाधिक पिछड़ा इलाका बुन्देलखण्ड भयानक सूखे की चपेट में है। फसलों की बुवाई नहीं हो पायी है, पशुओं के चारे की समस्या मुँह बाये खड़ी है। युवाओं की बड़ी आबादी काम की तलाश में पलायन कर चुकी है। गाँव के गाँव खाली हो गये हैं। गाँव में रह गये हैं बुजुर्ग या कमजोर। यहाँ पर भी किसान आत्महत्याओं की सूचना लगातार आ रही हैं। मवेशी चारे और पानी के अभाव में दम तोड़ रहे हैं। तालाबों की जमीन समतल कर या फिर उसमें गन्दगी गिराकर उनका अस्तित्व ही खत्म कर दिया गया। हैंडपम्प या ट्यूबवेल की मृग-मरीचिका में कुओं को बिसरा दिया गया। जंगलों की ऐसी कटाई हुई कि अब अन्तिम संस्कार के लिए भी लकड़ी नहीं बची है।

कभी एक नारा शिद्दत से गूँजता था—'बागी बाँदा बोल रहा है'। आज धान के कटोरे के नाम से विख्यात उसी बाँदा में सूखे की मार व कर्ज से किसान जान दे रहे हैं, लेकिन कोई आवाज नहीं उठती। दादू व ददुआ के आतंक से जूझ चुके इस क्षेत्र में साहूकार शोषण व आतंक की रोज नयी इबारत लिख रहे हैं पर न तो शासन-प्रशासन के स्तर से कोई कदम उठता दिख रहा है और न ही सियासी हलकों से कोई पहल सामने आ रही है।

बाँदा के नेरनी तहसील में चार दिन की फाकाकशी के बाद समाजवादी राशन लेने जाते समय नत्थू सिंह की मौत हो गयी। *जीतेजी दाने-दाने को मोहताज रहे नत्थू की मौत के बाद अब उसके परिजनों से हमदर्दी जताने वाले उमड़ रहे हैं।* चार दिनों

तक भूखे रहने के बाद सरकारी राहत लेने के लिए घर से निकले उस मजदूर ने रास्ते में रुककर एक हैण्डपम्प से पानी पीने के बाद दम तोड़ दिया। वैसे तो असमय मृत्यु हुई कोई भी मौत दुखद है पर आधुनिक समाज में भूख से होने वाली मौत बेहद दुर्भाग्यपूर्ण है। इस मौत के बाद वही हुआ, जो ऐसे मामलों में इससे पहले भी देखा गया है। पहले उस मजदूर के घर समाजवादी राशन भिजवाया गया, फिर बताया गया कि मजदूर की मौत भूख से नहीं, हार्ट अटैक से हुई है। पर क्या इस तथ्य को झुठलाया जा सकता है कि आठ लोगों के उस परिवार के उस मुखिया के पास अपनी जमीन नहीं थी और सूखे की वजह से मजदूरी भी नहीं मिल रही थी तथा उस परिवार को पड़ोसियों से माँग कर गुजारा करना पड़ रहा था? यह तो बुन्देलखण्ड में गरीबी का विचलित कर देने वाला सिर्फ एक उदाहरण है। जिस दिन यह मौत हुई उस दिन उसी बुन्देलखण्ड में तीन किसानों ने आत्महत्या की। प्रदेश सरकार द्वारा राशन बाँटे जाने के पीछे चाहे जितनी भी अच्छी मंशा हो, उसमें व्यावहारिक ईमानदारी और तमाम जरूरतमन्दों तक इसके पहुँचने की गारण्टी नहीं होती। चाहे प्रभावित किसान हो या मजदूर बुन्देलखण्ड में सबकी तात्कालिक जरूरत रोजगार है। चूँकि मनरेगा ऐसी परिस्थितियों में सबसे बेहतर योजना है और सूखे को देखते हुए केन्द्र ने मनरेगा के लिए आवंटन बढ़ाया भी है। ऐसे बुन्देलखण्ड में प्रभावितों को मनरेगा के तहत मजदूरी उपलब्ध कराने के गम्भीर प्रयास होने चाहिए। इसी तरह वहाँ किसानों की लगातार आत्महत्याएँ बताती हैं कि सरकार उन तक पहुँचने और उन्हें यह बता पाने में विफल रही है कि फसल बर्बाद होने या कर्ज न चुकता कर पाने की तुलना में उनका जीवन ज्यादा महत्त्वपूर्ण है।

इसी तरह वीर भूमि महोवा में आज भी लोग आल्हा के जरिए अपने ऊदल को याद करते हुए जोश से गाते हैं– *'जहँ जहँ टाप परे बेंदुल के, कब्जा तहा चन्देले क्यार'*। लेकिन वक्त की ऐसी मार पड़ी कि जिस महोवा के जवान दिल्ली तक चढ़ाई करते थे, वहीं के युवा किसान तीन साल से चल रहे सूखे के चलते अकाल मौत मर रहे

हैं। कोई खेत में ही फसल बर्बादी के सदमे से दम तोड़ रहा है, तो कोई भूख से बच्चों को रोते देखकर जहर खा कर जान दे रहा है।

जिले में कहने को चार बड़े बाँध हैं, पर अपने आकार के हिसाब में जितना इनमें पानी है उसे चुल्लू भर ही कहा जा सकता है। सरकारी मदद का आलम यह हैं कि कई किसानों की मौत के साल भर बीतने के बाद भी तहसील का कारिंदा उसके दरवाजे झाँकने तक नहीं गया। जनवरी 2015 से जनवरी 2016 तक 69 किसानों की सदमे या आत्महत्या करने से मौत हो चुकी है।

इसी प्रकार यमुना-बेतवा की छाँव में भी प्यासा है बुन्देलखण्ड का हमीरपुर जिला। सामन्ती दौर के शोषण के निशान पूरी तरह से मिट भी नहीं पाये थे कि बुन्देलखण्ड के हमीरपुर जिले में साहूकारों के रूप में एक नये शोषण तन्त्र ने किसानों को जकड़ लिया है। तीन साल के सूखे से उपजे हालात ने साहूकारों के चंगुल को और जानलेवा बना दिया है, जिसमें फँसकर भोले-भाले किसान जान देने को विवश हैं। एक तरफ जीवनदायिनी यमुना तो दूसरी तरफ बेतवा जैसी बड़ी नदियों के मुहाने बसे इस जिले में इनके पानी का सुख सिर्फ देखने तक ही सीमित है। हकीकत यही है कि ज्यादातर खेतों की प्यास बुझाने के लिए बारिश का ही सहारा है।

चित्रकूट के सम्बन्ध में एक चौपाई प्रसिद्ध है—*चित्रकूट में बस रहे रहिमन अवध नरेश, जा पर विपदा परत है सो आवत यहि देश।* इसे विडम्बना ही कहेंगे कि कभी विपत्ति से मुक्ति देने वाली चित्रकूट की धरती आज भूख व अकाल से जूझ रही है।

ग्रामीण इलाकों में कोसों तक खाली खेतों में उड़ती धूल, हैण्डपम्पों पर पानी के लिए लम्बी कतार और किसान परिवारों का रोजी-रोटी के लिए शहरों की तरफ पलायन बहुत कुछ बता रहा है। समाधान के तौर पर मनरेगा के तहत कार्यदिवस बढ़ाये गये हैं, पर न सिर्फ इसका लाभ बहुत कम लोगों को मिल है, बल्कि कुछ जगह जॉब कार्डधारकों को पिछला बकाया भी नहीं मिला है। बुन्देलखण्ड की त्रासदी का सबसे दर्दनाक पक्ष यह है कि अब वह हर साल ऐसी ही मुश्किलों से दो चार होता है। स्पष्ट है कि फर्जी तौर पर राहत

का इन्तजाम करती सरकार और प्रशासन के एजेंडे में बुन्देलखण्ड के स्थायी समाधान की चिन्ता नहीं है। यहाँ की जनता 2017 के विधानसभा के चुनाव के समय यह पूछेगी कि वनों के विनाश, तालाबों की उपेक्षा और खनन माफिया के विस्तार पर अंकुश लगाने की गम्भीर कोशिश क्यों नहीं की गयी? बुन्देलखण्ड की सालाना त्रासदी न सिर्फ समाजवादी पार्टी की उत्तर प्रदेश सरकार की कथित उपलब्धियों का मजाक उड़ाती है, बल्कि हमारे नीति-नियन्ताओं की समझ और संवेदना पर भी प्रश्नचिह्न है, जिन्हें गरीबी में जान देने और मजबूरी में मजदूर बनते किसानों की पीड़ा भी शायद व्यथित नहीं करती।

सूखे से जूझ रहे बुन्देलखण्ड के लिए सरकार ने 2016-17 के बजट में 1255 करोड़ रुपये का इन्तजाम किया है, पर इससे पहले भी प्रदेश सरकार की योजनाओं से मिलने वाले धन के अलावा बुन्देलखण्ड को 3606 करोड़ का राहत पैकेज केन्द्र सरकार से मिल चुका है। इसके बावजूद बुन्देलखण्ड के लोगों की बदहाली कम नहीं हो रही है। दरअसल, धन आवंटन में देरी व सही सामग्री की आपूर्ति न होने से यहाँ कई प्रोजेक्ट किसी काम के नहीं बचे हैं। इसी तरह पैकेज के तहत पूरे बुन्देलखण्ड में ऐसी नस्ल की बकरियाँ बाँट दी गयीं जिनकी स्थानीय वातावरण में न ढल पाने से मौत होने लगी। हैण्डपम्पों में बोरिंग के दौरान इतने घटिया पाइप डाले गये कि वे पानी का प्रेशर ही नहीं उठा पाते। इतने संसाधन मुहैया कराने के बावजूद बुन्देलखण्ड किसानों की मौत के मामले में दूसरा विदर्भ बन रहा है। मुख्यमन्त्री की यह घोषणा कि गाँवों को खेती के लिए कम से कम आठ घंटे बिजली मिलेगी सन्देह के घेरे में है। क्या सरकार शहरों में बिजली की माँग को दरकिनार कर खेतों के लिए बिजली दे सकेगी? बुन्देलखण्ड के बाँदा, महोवा, झाँसी व जालौन जैसे ऐसे जिले हैं, जहाँ ट्यूबवेलों को बिजली मिल पाती, तो सूखे का दंश मारक न होता। बाँदा और चित्रकूट में 200 करोड़ रुपये से बनाये गये 10 चेकडैम रपटे पहली बारिश भी नहीं झेल सके। ठेकेदारों और अफसरों के भ्रष्टाचार और कमीशनबाजी के बीच बने

ये चेकडैम दस्यु प्रभावित इलाकों में बीहड़ को खेतों में तब्दील करने के लिए बारिश रोकने के लिए बनवाये गये थे। समाचार-पत्रों में छपी खबरों में यहाँ तक कहा गया है कि चेकडैम निर्माण के दौरान डकैतों को भी कमीशन जाता था।

समुचित संसाधन होने के बावजूद इनके उचित संचालन के लिए संवेदनशील तन्त्र विकसित नहीं कर पाये हैं जो बजटीय प्रावधान से नहीं, बल्कि सरकार के मजबूत इरादों से ही सम्भव है। देखना होगा कि मुख्यमन्त्री की यह घोषणा कि 2016-17 किसान वर्ष होगा कितनी सार्थक होती है या सरकार की चुनावी कवायद मात्र तो नहीं है।

पिछले चार साल के कार्यकाल में उत्तर प्रदेश की सरकार के संवेदनशील रवैये से अदम गोंडवी की यह पंक्तियाँ स्मरण आती हैं—*तुम्हारी फाइलों में गाँवों का मौसम गुलाबी है मगर यह आँकड़े झूठे है यह दावे किताबी हैं।*

यू.पी. में यह लगभग हर वर्ष की कहानी है कि गन्ना किसानों को अपने पिछले बकाये के भुगतान और गन्ने का दाम बढ़ाने के लिए मजबूर होकर सड़कों पर उतरना पड़ता है। इसके बावजूद गन्ना किसानों की मूलभूत माँगों को लेकर अखिलेश सरकार और चीनी मिल मालिकों के रवैये में कोई बदलाव नहीं आया है। प्रदेश की सपा सरकार ने अपने कार्यकाल के पहले वर्ष 2012-13 में 280 रुपये गन्ना मूल्य निर्धारित किया था परन्तु उसके बाद के तीन वर्षों में गन्ना मूल्य में कोई बढ़ोतरी न कर किसानों को जोरदार झटका दिया है। विगत तीन वर्षों के दौरान मुद्रा स्फीति को देखें, तो गन्ने का दाम बढ़ाने की किसानों की माँग वाजिब लगती है। लगातार बढ़ रही मजदूरी की लागत, जुताई, कटाई, विद्युत, उर्वरकों, कीटनाशकों के बढ़ते दाम के कारण पिछले तीन वर्षों में गन्ना उत्पादन लागत 25 प्रतिशत बढ़कर 350 रुपये प्रति कुन्तल से ऊपर पहुँच गयी है। जो वर्तमान राज्य समर्पित गन्ना मूल्य से बहुत अधिक है। प्रदेश की सपा सरकार ने अपने चुनाव घोषणा-पत्र में उत्पादन लागत मूल्य से 50 प्रतिशत अधिक मूल्य देने की घोषणा की थी। सपा सरकार

ने गन्ना मूल्य में कोई वृद्धि नहीं की। चीनी उद्योग घाटे का रोना रोकर सरकार से हजारों करोड़ों रुपये झटक चुका है। चीनी मिलों का घाटा भी सन्देह के घेरे में हैं। चीनी उत्पादन के अतिरिक्त चीनी मिल आधा दर्जन से अधिक सह-उत्पाद भी बनाती है, जिससे प्राप्त आय चीनी से प्राप्त आय में नहीं जोड़ी जाती। यू.पी. शुगर मिल एसोसिएशन की माँग है कि रंगराजन समिति की सिफारिशों के अनुसार गन्ने का मूल्य बाजार में चीनी के मूल्य के आधार पर निर्धारित किया जाय।

उ.प्र. सरकार ने शुगर केन कण्ट्रोल एक्ट के प्रावधानों और उच्च न्यायालय के आदेशों को ताक पर रखकर चीनी मिलों को पिछले वर्ष का देय 490 करोड़ ब्याज भी माफ कर दिया। लेकिन अब भी सूबे के किसानों के पिछले वर्ष का 180 करोड़ रुपये और वर्तमान वर्ष का 8000 करोड़ रुपये का भुगतान चीनी मिलों पर अवशेष है।

चीनी मिल मालिकों का तर्क है कि चूँकि चीनी के दाम स्थिर हैं लिहाजा वह अधिक भुगतान देने की स्थिति में नहीं हैं। मगर यह पूरी कहानी नहीं है। सच तो यह है कि गन्ना किसानों की चीनी मिलों और राज्य सरकार के आगे कुछ भी नहीं चलती। अमूमन गन्ने की कटाई का मौसम दिवाली के आसपास शुरू हो जाता है और किसानों की मजबूरी है कि उन्हें नवम्बर तक गेहूँ की बुआई के लिए खेतों को साफ करना होता है लिहाजा उन्हें राज्य परामर्श मूल्य (एसएपी) की घोषणा हो या ना हो, अपना गन्ना मिलों तक पहुँचाना ही होता है। सम्भवतः ऐसा कोई और धन्धा नहीं होता, जिसमें उत्पादक अपने उत्पाद को बाजार में बेच आये और उसे यह भी पता न हो कि आखिर उसे एवज में दाम क्या मिलेगा। इस वर्ष यही तो हुआ जब राज्य सरकार ने पेराई मौसम शुरू होने के डेढ़ महीने बाद गन्ने के दाम तय किये और वह भी पुरानी दर पर। मिलों द्वारा करीब डेढ़ हजार करोड़ रुपये के पिछले बकाये का भुगतान न करना किसानों पर दोहरी मार है। फिर सवाल यह भी उठता है कि जब सूबे की सहकारी मिलें भुगतान कर सकती

हैं तो निजी मिलें क्यों नहीं? यह भी नहीं भूलना चाहिए कि मिलों को चीनी के साथ दूसरे कई प्रोडक्ट भी मिलते हैं, वास्तव में समय आ गया है, जब सूबे के पचास लाख गन्ना किसानों की माँगों पर सहानुभूतिपूर्वक विचार कर सुनियोजित व्यवस्था बनायी जाय, ताकि उन्हें सम्मानजनक तरीके से भुगतान हो सके। भले ही कोई धरतीपुत्र हो गन्ना मूल्य भुगतान, ओला वृष्टि और सूखे से प्रभावित किसानों की सुध किसी ने नहीं ली। 'किसान वर्ष' में किसान रोता रहा, किसी ने आँसू पोंछना भी गवारा नहीं किया।

भारत सरकार ने प्रधानमन्त्री फसल बीमा योजना प्रारम्भ की जिससे किसानों को प्राकृतिक या स्थानीय आपदा के चलते फसल को हुए नुकसान की भरपाई हो सके। इसके तहत किसानों को बहुत कम प्रीमियम, जैसे रवि फसलों के लिए अधिकतम 1.50 प्रतिशत, खरीफ फसल के लिए दो फीसदी और वार्षिक, वाणिज्यिक एवं बागवानी फसलों के लिए पाँच प्रतिशत देना होगा। जबकि किसानों को बीमा राशि पूरी मिलेगी। भारत सरकार इस पर लगभग 8800 करोड़ रुपये खर्च करेगी और इससे 13 करोड़ किसानों को लाभ होगा। मोदी सरकार की यह फसल बीमा योजना 'एक राष्ट्र, एक योजना' तथा 'वन सीजन वन प्रीमियम' के तहत सिद्धान्त पर आधारित है इसमें बीमा राशि सीधे किसान के बैंक खाते में जायेगी।

अखिलेश सरकार को चाहिए कि इस योजना का अधिक से अधिक लाभ उ.प्र. के किसानों को मिले। प्रदेश सरकार ने इस योजना का लाभ प्रदेश के किसानों को दिलाने के स्थान पर प्रदेश सरकार की एक योजना प्रारम्भ कर दी और भारत सरकार की योजना के लिए प्रीमियम की धनराशि की भी व्यवस्था नहीं की। प्रदेश सरकार को यह देखना होगा कि किसानों को बीमित राशि लेने के लिए जगह-जगह चक्कर न काटना पड़े, फसल कटाई/नुकसान का आकलन शीघ्र से शीघ्र किया जाय और किसानों को दावा राशि त्वरित रूप से मिल सके।

अखिलेश सरकार ने नरेन्द्र मोदी सरकार की प्रधानमन्त्री फसल

बीमा योजना के जवाब में 'मुख्यमन्त्री किसान एवं सर्वहित बीमा योजना' 1 अप्रैल 2016 से प्रारम्भ की है। इस योजना से तीन करोड़ किसान परिवारों को लाभान्वित करने का लक्ष्य रखा गया है। योजना में भूमिहीन किसानों व ऐसे परिवारों को भी सम्मिलित किया गया है जिनकी सालाना आमदनी 75 हजार रुपये से कम है। इस योजना के अन्तर्गत मृत्यु व पूर्ण निशक्तता की स्थिति में 5 लाख रुपये तक मुआवजा व दुर्घटना के बाद इलाज की स्थिति में ढाई लाख रुपये तक का इलाज व एक लाख रुपये तक का कृत्रिम अंग उपलब्ध कराया जायेगा। इस योजना के तहत बीमा कम्पनी का चयन टेण्डर के जरिए तीन साल के लिए किया जायेगा।

अखिलेश सरकार की इस योजना के सियासी मायने निकाले जा रहे हैं। चुनाव के पहले से काम करने के लिए सरकार के पास बमुश्किल कुछ दिन बचे हैं और बीमा कम्पनी का चयन करते-करते विधानसभा चुनाव आ जायेंगे और इस योजना का लाभ कम से कम सपा सरकार के वर्तमान कार्यकाल में किसानों को मिलने की कोई सम्भावना नजर नहीं आती। वैसे भी इस योजना की सफलता का दारोमदार इसके क्रियान्वयन पर टिका हुआ है। प्रदेश सरकार राजस्व विभाग की कृषक दुर्घटना बीमा योजना के लिए पिछले तीन साल में बीमा कम्पनी का चयन नहीं कर पायी है। सरकार को अपने स्तर से किसानों को मुआवजा देना पड़ा। दुर्घटना के शिकार किसानों के इलाज का ढाँचा विकसित करना होगा और बिना पैसे के इलाज के लिए अस्पताल पहुँचने वाले किसानों को कोई अस्पताल संसाधन की कमी, बैड न होने का हवाला देकर नहीं टरकायेगा, इसे सुनिश्चित करना बड़ी बात होगी।

राज्य सरकार स्वास्थ्य सेवाओं को बेहतर करने के नाम पर अरबों का बजट खर्च कर रही है। नये-नये उपकरण खरीदे जा रहे हैं। रोज विज्ञापनों के माध्यम से प्रदेश में बेहतर स्वास्थ्य सुविधाएँ मुहैया कराने के दावे किये जा रहे हैं लेकिन वास्तविकता यह है कि प्रदेश में आम मरीजों को बेहतर इलाज नहीं मिल पा रहा है। डॉक्टरों, फार्मासिस्टों की भारी कमी, डॉक्टरों की आये दिन हड़ताल

और भ्रष्टाचार ने राज्य की सरकारी स्वास्थ्य सेवाओं को वेण्टीलेटर पर ठेल दिया है। सेवा की बजाय स्वास्थ्य सेवाएँ धन्धा बन चुकी हैं और चारों ओर लूट मची हुई है। स्वास्थ्य क्षेत्र में बड़ी-बड़ी कम्पनियों, उद्योगपतियों के धुस आने से सरकारी अस्पतालों में डॉक्टर, फार्मेसिस्ट ढूँढ़ें नहीं मिल रहे हैं। अमीरों के लिए सरकारी अस्पतालों के भले कोई मायने न हों लेकिन गरीब आज भी डॉक्टर को धरती का भगवान और सरकारी अस्पतालों को अपना मन्दिर समझकर उन्हीं की ओर भागा दौड़ा चला आता है।

दूसरी ओर सरकारी अस्पतालों के डॉक्टर अधिकारी तथा कर्मचारी मरीज और उनके परिजनों के साथ दुर्व्यवहार कर सरकारी दावों को बट्टा लगा रहे हैं। अगर कोई परिजन दुर्व्यवहार कर दे तो डॉक्टर हड़ताल को एकमात्र उपाय मानते हैं। अधिकांश डॉक्टरों के लिए चिकित्सा पवित्र पेशा होने के स्थान पर आमदनी का धन्धा हो गया है।

हाल ही में हाईकोर्ट ने रेजीडेंट डॉक्टरों की हड़ताल पर फटकार लगाते हुए हड़ताल अवधि में जिन मरीजों की मौतें हुई थीं, उसका मुआवजा डॉक्टरों के वेतन से वसूला जाय क्योंकि भारतीय संविधान में जीने का अधिकार सबको है।

आबादी बढ़ने तथा लोगों की जीवनचर्या में बदलाव होने से स्वास्थ्य सेवाओं की माँग तेजी से बढ़ी है। सरकारी अस्पतालों की बदइन्तजामी के चलते कुकुरमुत्तों की तरह पूरे प्रदेश में नर्सिंगहोमों की बाढ़ सी आ गयी है। नर्सिंग होमों के खुलने के बाद चिकित्सा पेशा न होकर धन्धा बन गया, जहाँ लाभ कमाने के लिए डॉक्टर और नर्सिंग होम संचालक किसी भी हद तक जाने लगे। नयी सदी में प्रवेश करते ही चिकित्सा क्षेत्र उद्योगपतियों को व्यवसाय दिखने लगा, जिससे वे भी इस क्षेत्र में पूरी तैयारी के साथ कूद गये। इन उद्योगपतियों ने ना केवल बेहतरीन अस्पताल तैयार करवाये बल्कि चिकित्सकों को मुहमाँगी कीमत भी देनी शुरू की। उद्योगपतियों ने चिकित्सा सेवा को पर्यटन बना डाला है। एस्कार्ट, फोर्टिस मेदांता जैसे अस्पताल चिकित्सा पर्यटन को लगातार बढ़ावा दे रहे हैं।

एक छत के नीचे स्वास्थ्य से लेकर खान-पान समेत कई सुविधाएँ उपलब्ध हैं। चिकित्सा के व्यवसायीकरण होने के बाद डॉक्टरों का निजी अस्पतालों की तरफ झुकाव तेजी से बढ़ा। बेहतर पैसा और सारी सुख-सुविधाओं के चलते डॉक्टर सरकारी की बजाय बड़े अस्पतालों में सेवा को प्राथमिकता देने लगे। परिणाम यह हुआ कम समय, कम जिम्मेदारी से अधिक आय ने चिकित्सकों का सरकारी सेवा से मोहभंग कर दिया। अच्छे डॉक्टर निजी क्षेत्र के अस्पतालों से जुड़ गये।

अखिलेश सरकार ने संविदा पर डॉक्टरों की भर्ती तथा मेडिकल कालेजों में सीटों की संख्या बढ़ाकर प्रदेश की स्वास्थ्य व्यवस्था को पटरी पर लाने की कोशिश की है। ग्रामीण इलाकों के प्रति प्रान्तीय चिकित्सा सेवा के डॉक्टर का रूझान बढ़ाने के लिए ग्रामीण इलाकों में सेवा करने पर एमडी एमएस करने में 3 प्रतिशत सीटों के साथ 30 अंक दिये जाने की योजना तैयार की थी। एक साल सेवा करने वालों को 10 अंक, 2 साल सेवा करने वालों को भी क्रमशः 20 अंक प्रदान करने की व्यवस्था की गयी। इसका परिणाम यह हुआ कि चिकित्सकों का ग्रामीण क्षेत्रों में कार्य करने की ओर झुकाव हुआ। सरकार का यह प्रयास प्रदेश की स्वास्थ्य सेवाओं को बेहतर बनाने के लिए नाकाफी था। उ.प्र. की सरकारी चिकित्सा सेवा अभी भी जूनियर डॉक्टरों तथा संविदा के डॉक्टरों के जरिए ही संचालित हो रही है।

नेशनल हेल्थ मिशन की परफारमेन्स रिपोर्ट के अनुसार प्रदेश के कई जिलों में स्वास्थ्य सेवाएँ बदतर स्थिति में हैं। इस रिपोर्ट के अनुसार कुशीनगर, चन्दौली, बाँदा, कानपुर देहात, फैजाबाद सहित कई जिलों मे सरकारी चिकित्सा सेवा में सेवा का स्तर निम्न है। इस रिपोर्ट से स्पष्ट है कि जिलों में स्टैंडर्ड चिकित्सीय सुविधाओं का अभाव है। अभी हाल में ही लखनऊ में एनएचएम की टीम के औचक निरीक्षण में अस्पतालों की हालत बदहाल मिली। इमरजेन्सी कमरों में ऑक्सीजन, ईसीजी, दवाएँ, सक्शन मशीन तक उपलब्ध नहीं थी। इमरजेन्सी ड्रग ट्रे में एक्सपायरी

दवाएँ मिलीं। सिविल अस्पताल में विशेषज्ञ डॉक्टर और पैथोलाजी लैब के बावजूद मरीजों की एंजियोप्लास्टी और एंजियोग्राफी नहीं हो रही। राम मनोहर लोहिया अस्पताल में एंडोस्कोपी जाँच कई महीनों से ठप है। इस टीम ने पूर्वांचल के कई जिलों का दौरा किया जिसमें कई खामियाँ सामने आयीं। डॉक्टरों की नियुक्ति का मामला हो, उपकरणों की खरीद, सभी जगहों पर लापरवाही और गड़बड़ी देखने को मिली।

डॉक्टर ए.एम. खान पूर्व वाइस प्रेसीडेण्ट आई.एम.ए. का कहना है कि अस्पताल खोलने के लिए दर्जनों विभागों से एन.ओ.सी. लेने में महीने बीत जाते हैं। साल भर बाद लाइसेन्स का नवीनीकरण कराना पड़ता है। इस कारण तमाम लोग मानक पूरे किये बिना ही अस्पताल चलाने लगते हैं। इसका फायदा झोला छाप उठाते हैं और विशेषज्ञ डॉक्टर अपनी प्रतिष्ठा बनाये रखने के लिए गम्भीर मरीजों का इलाज करने से डरते हैं।

डॉ. एस.एन.एस. यादव का मत है कि रजिस्ट्रेशन, जाँच और छापामारी के बावजूद झोलाछाप पूरी तरह से खत्म नहीं हुए हैं। इसकी एक बड़ी वजह यह भी है कि हमारे पास कोई मजबूत एक्ट और नियमावली नहीं है। क्लीनिकल स्टैबलिशमेण्ट एक्ट अब तक लागू नहीं हो सका है और न अब तक नियमावली बनी है। अभी हमारी मजबूरी है कि अस्पताल सील करने के बाद उसे थाने की सुपुर्दगी में देना होता है। हमारे पास मैन पावर इतना नहीं है कि रोज अभियान चला सकें। एक्ट और नियमावली जारी होने के बाद ही समस्या हल हो जायेगी।

डॉक्टर अनूप अग्रवाल, सचिव नर्सिंग होम एसोसिएशन कहते हैं कि एमबीबीएस, एमसीएच और एमडी डिग्री धारकों से कहीं ज्यादा नर्सिंग होम झोलाछाप चला रहे हैं। ऐसे अस्पताल लखनऊ के बाहरी ग्रामीण इलाकों में ज्यादा हैं। सीएमओ को समय-समय पर निरीक्षण अभियान चलाना चाहिए। जाँच कमेटी सीएमओ के अलावा नर्सिंग होम एसोसिएशन और सम्बन्धित विशेषज्ञ को शामिल करना चाहिए।

डॉ. आशुतोष दुबे अधीक्षक, सिविल अस्पताल अपना मत जाहिर करते हुए कहते हैं कि सरकारी अस्पतालों में काम के घंटे तय होने चाहिए। अभी हाल यह है कि ओपीडी में पाँच घंटे मरीज देखने के अलावा वीआईपी ड्यूटी, इमरजेन्सी ड्यूटी, पोस्टमार्टम ड्यूटी, जेल विजिट से लेकर सरकारी योजनाओं और तमाम मेडिकल बोर्ड में ड्यूटी करनी होती है। ऐसे में डॉक्टर मरीजों के साथ कितना न्याय कर सकता है। जल्द सरकारी अस्पतालों में डॉक्टरों की कमी दूर नहीं हुई तो हालात बदतर होते जायेंगे और डॉक्टरों के लिए काम करना मुश्किल होता जायेगा।

डॉ. प्रमोद कुमार निदेशक बलरामपुर अस्पताल के अनुसार पीजी करने के बाद प्रान्तीय चिकित्सा सेवा में आने वाले डॉक्टरों को कोई विशेष सहूलियत नहीं मिलती। उन्हें एमबीबीएस की तरह ही समझा जाता है। यही नहीं विशेषज्ञ होने के बावजूद उनके प्रमोशन के अवसर घट जाते हैं। सरकार को चाहिए कि पीजी करने के बाद पीएमएस ज्वाइन करने वाले डॉक्टरों को ज्यादा इन्सेन्टिव दें या कम से कम एक प्रमोशन एक्स्ट्रा दें। जब तक विशेषज्ञ डॉक्टरों को एक्स्ट्रा सहूलियत नहीं मिलेगी वे आखिर क्यों सरकारी अस्पतालों में आयेंगे।

यदि उत्तर प्रदेश को वास्तव में उत्तम प्रदेश बनाने का सपना साकार करना है तो प्रदेश सरकार को राजकीय अस्पतालों में डॉक्टरों की कमी को दूर करने के लिए प्रभावी नीति बनानी पड़ेगी, उपकरणों और दवाओं की खरीद-फरोख्त में व्याप्त भ्रष्टाचार को दूर करना होगा और सरकारी स्वास्थ्य सेवाओं की कार्यसंस्कृति को बदलना होगा।

सूबे के शिशु मृत्यु दर में उल्लेखनीय सुधार हुआ है। सैम्पल रजिस्ट्रेशन सिस्टम की ओर से जारी रिपोर्ट के अनुसार 2013 में जो मृत्यु दर 50 प्रति हजार थी, 2014 के सर्वे में वो घटकर 48 प्रति हजार हो गयी है। वहीं 2012 में यह आँकड़ा 53 प्रति हजार था।

शिशु मृत्यु दर के आँकड़ों में 0-1 वर्ष उम्र तक के शिशुओं को शामिल किया जाता है। आज भी जहाँ शहरी क्षेत्र में प्रति हजार

जन्म लेने वाले 37 बच्चों की मौत हो जाती है ग्रामीण क्षेत्रों में यह आँकड़ा 51 प्रति हजार है। शिशु मृत्यु दर के मामले में सबसे बुरी स्थिति श्रावस्ती की है। जहाँ प्रति हजार 73 शिशुओं की मृत्यु हो रही है। इसके बाद फैजाबाद 70 और सिद्धार्थ नगर 69 का नम्बर आता है।

देश में शिशु लिंगानुपात पिछले एक दशक में 927 से घटकर 919 पर आ गया है। वहीं उत्तर प्रदेश में यह 916 से 902 पर पहुँच गया है। वहीं राजधानी लखनऊ में यह 915 बना हुआ है। प्रदेश में पिछले एक दशक में गर्भ में 19 लाख बेटियों का कत्ल कर दिया गया। लिंग परीक्षण करावकर भ्रूण हत्या कराने पर प्रदेश में 169 मुकदमे दर्ज कराये गये जिसमें लखनऊ में दर्ज मुकदमे भी हैं।

कुपोषित बच्चों और गर्भवती महिलाओं के पोषण स्तर में सुधार के लिए प्रदेश सरकार ने हौसला फीडिंग कार्यक्रम की शुरुआत की। इस कार्यक्रम के अन्तर्गत गर्भवती महिलाओं को प्रतिदिन मध्याह्न में गर्म पका-पकाया भोजन और आयरन की गोलियाँ तथा दूध व फल खिलाने का प्रस्ताव है। इसका लक्ष्य गर्भवती महिलाओं में कैलोरी एवं प्रोटीन के गैप की भरपाई, एनीमिया की रोक, नियमित परामर्श क्षेत्रों के माध्यम से संस्थागत प्रसव को बढ़ावा देना और माताओं के स्वास्थ्य में सुधार कर नवजात शिशु को कुपोषण से मुक्त करना है।

यह खुला सच है कि कुपोषण के मामले में प्रदेश की स्थिति विस्फोटक है। हाल ही में सरकार ने सवा लाख स्कूलों में पढ़ रहे बच्चों का सर्वे कराया था। इसमें बच्चों का स्वास्थ्य परीक्षण किया गया। रिपोर्ट से निकले आँकड़े विधानसभा में भी साझा किये गये। पता चला कि 42 प्रतिशत बच्चे कुपोषण का शिकार हैं। यह तो स्कूली बच्चों की हालत है जबकि 6 माह से 6 वर्ष के बीच के बच्चों की स्थिति और भी खराब है। एक आँकड़े के मुताबिक 14.60 लाख बच्चे अति कुपोषित हैं। सरकार द्वारा अति कुपोषित बच्चों को प्रति बच्चे के हिसाब से रोजाना 20 ग्राम देशी घी उपलब्ध कराने का प्रस्ताव है। इसकी जिम्मेदारी दुग्ध विकास विभाग व

पीसीडीएफ को दी गयी है। भोजन में अनिवार्य रूप से आयोडाइज्ड नगक का प्रयोग करने के लिए निर्देश हैं।

आई.सी.डी.एस. योजना के अन्तर्गत प्रदेश को रुपये 3000 करोड़ आवंटित हुए थे पर उसमें से मात्र 30 प्रतिशत ही कुपोषित बच्चों पर व्यय होता है। शेष 70 प्रतिशत धनराशि वेतन पर खर्च होती है।

उत्तर प्रदेश को उत्तम प्रदेश बनाने का दावा करने वाली अखिलेश सरकार यदि प्रदेश का कल सँवारना वाहते हैं तो यह जरूरी है कि इन व्यवस्थाओं का अनुपालन भी उतनी संजीदगी से किया जाय जितनी गम्भीरता से इन्हें बनाया गया है। शासन स्तर से योजना के संचालन के लिए जो बजट निर्धारित किया गया है, निचले स्तर तक उसका पूरा लाभ भी पहुँचे। लीकेज रोके बिना न तो योजना का सही ढंग से क्रियान्वयन होगा और न ही कुपोषण के खिलाफ लड़ाई लड़ी जा सकती है यह सुनिश्चित करना शासन का अगला कदम होना चाहिए। सरकारी विभागों का यह आलम रहता है कि वित्तीय वर्ष के समाप्ति के 1-2 महीने पहले तक आधा बजट भी नहीं खर्च कर पाते हैं।

शिक्षा किसी भी व्यक्ति, परिवार, समाज और राष्ट्र के विकास में महत्त्वपूर्ण भूमिका निभाती है। शिक्षा देश के नागरिकों के व्यक्तित्व, आचरण और मूल्यों को निखारती है और उन्हें एक समाजोपयोगी नागरिक बनाने में मदद करती है।

उत्तर प्रदेश की वर्तमान शिक्षा व्यवस्था पर नजर डाली जाय तो इसकी दिशा व दशा किसी भी प्रकार से सन्तोषजनक नहीं मानी जा सकती। सन् 2011 की जनगणना के अनुसार उत्तर प्रदेश की साक्षरता प्रतिशत भले ही 2001 में 56.27 प्रतिशत से बढ़कर 2011 में 67.68 प्रतिशत हो गयी हो किन्तु आजादी के लगभग 70 वर्ष बाद भी हम अनेक विकसित देशों की तुलना में अभी भी बहुत पीछे हैं। अनेक प्रयासों के बावजूद आज भी उत्तर प्रदेश का नाम शैक्षिक रूप से पिछड़े राज्यों की सूची में शुमार है।

1947 में देश की आजादी के समय प्राथमिक विद्यालयों की

अनुपलब्धता के कारण अधिकांश बच्चे स्कूल ही नहीं जा पाते थे और जो जाते भी थे उन्हें लम्बी दूरी तय करके विद्यालयों में पहुँचना होता था। कालान्तर में बहुत सारी योजनाओं के माध्यम से 300 की आबादी वाले प्रत्येक गाँव में प्राथमिक विद्यालय खोलने के सार्थक प्रयास हुए और पहले प्रत्येक 1.5 कि.मी. पर और फिर प्रति 1 कि.मी. पर प्राथमिक विद्यालयों की स्थापना की गयी। इन विद्यालयों की स्थापना से प्राथमिक शिक्षा को सर्वसुलभ बनाया गया। इसी प्रकार 800 की आबादी पर जूनियर हाईस्कूल की स्थापना की गयी। प्राथमिक और उच्च प्राथमिक विद्यालयों की स्थापना से प्रदेश की लगभग सम्पूर्ण आबादी की पहुँच बेसिक शिक्षा तक सम्भव हुई। विद्यालयी सुविधा उपलब्ध कराने के उपरान्त सबसे बड़ी चुनौती गुणवत्तायुक्त शिक्षा देने की थी। विश्व बैंक और भारत सरकार की वित्तीय सहायता से संचालित होने वाले सर्व शिक्षा अभियान के माध्यम से पूरे प्रदेश में प्राथमिक तथा उच्च प्राथमिक विद्यालयों के भवनों का निर्माण, शौचालय तथा पेयजल व्यवस्था सुलभ कराने के लिए हजारों करोड़ रुपये की धनराशि मुहैया कराई गयी। संविधान में संकल्पित पंचायतीराज व्यवस्था को अमली जामा पहनाते हुए ग्राम पंचायत स्तर पर ग्राम शिक्षा समितियाँ गठित कर भवन निर्माण और शिक्षण सामग्री के क्रय में उनकी सहभागिता शुरू की गयी। इन योजनाओं के माध्यम से प्राथमिक शिक्षा की गुणवत्ता में अभिवृद्धि हेतु प्राथमिक शिक्षकों के सेवारत प्रशिक्षण के कार्यक्रम को बड़े व्यापक स्तर पर संचालित किया गया। इन विद्यालयों में कार्यरत शिक्षकों के केन्द्र के समान वेतन एवं भत्ते इस अपेक्षा के साथ अनुमन्य किये गये कि शिक्षण व्यवस्था गुणवत्तायुक्त बनेगी।

उपर्युक्त वर्णित तमाम प्रयासों के बावजूद सरकारी स्कूल न तो गुणवत्तायुक्त शिक्षा दे सके और न ही अभिभावकों के आकर्षण का केन्द्र बन सके। वैसे तो इसके अनेक कारण हैं परन्तु इसका प्रमुख कारण अत्यन्त निम्न स्तर की शिक्षा व सबसे निचले स्तर पर अंग्रेजी भाषा के शिक्षण का अभाव है। सरकारी प्राथमिक विद्यालयों में संसाधनों की कमी है, बच्चे जमीन पर बैठकर आज भी शिक्षा

प्राप्त कर रहे हैं। इसका परिणाम यह हुआ है कि पूरे प्रदेश में एक समानान्तर प्राथमिक शिक्षा व्यवस्था निजी हाथों में पनपने लगी। निजी संस्थाओं द्वारा पहले तहसील स्तर और फिर विकासखण्ड और ग्राम स्तर पर तथाकथित माण्टेसरी और कॉन्वेंट स्कूल खोलकर सरकारी प्राथमिक स्कूलों को चुनौती दे दी। आकर्षण गणवेश और प्रारम्भ से अंग्रेजी भाषा के ज्ञान की तालीम देने की व्यवस्था के कारण बहुत बड़ी संख्या में अभिभावक इन विद्यालयों के प्रति आकर्षित हुए। आज पूरे प्रदेश में निजी संस्थाओं द्वारा चलाये जा रहे प्राथमिक विद्यालयों की कुकुरमुत्ते जैसी वृद्धि हुई है।

इस प्रकार प्रदेश में प्राथमिक शिक्षा के स्तर पर दो समानान्तर व्यवस्थाएँ संचालित होने लगीं। एक ओर वे सरकारी स्कूल थे जिनके शिक्षक ज्यादा योग्य और प्रशिक्षित थे, उनको वेतन के रूप में प्रतिमाह रुपये 30000 से भी ज्यादा मिलता है। दूसरी ओर निजी संस्थाओं द्वारा संचालित विद्यालय हैं जिनके शिक्षक कम योग्य व अप्रशिक्षित हैं और उन्हें वेतन के रूप में 4-5 हजार रुपये मिल रहा है। सरकारी विद्यालयों से इन निजी संस्थाओं द्वारा चलाई जा रही शिक्षण संस्थाओं में बहुत बड़ी संख्या में छात्रों का पलायन शुरू हो गया। प्रदेश सरकार सरकारी विद्यालयों के शिक्षकों के वेतनादि पर प्रति वर्ष 35 से 40 हजार करोड़ रुपये खर्च कर रही है और ऐसे में यदि बहुत बड़ी संख्या में बच्चे निजी विद्यालयों की ओर रुख कर रहे हैं तो यह चिन्ता का विषय होना चाहिए।

वास्तविकता यह है कि सरकारी प्राइमरी स्कूलों में अध्यापकों की अनुपस्थिति, अकारण विद्यालय का बन्द होना और अत्यन्त निम्न स्तर की शिक्षा दी जा रही है जो इन विद्यालयों से छात्रों के पलायन का कारण बना। देखने में यहाँ तक आता है कि सरकारी स्कूलों में कक्षा 4-5 तक के बच्चे हिन्दी अक्षरों को जोड़कर शब्द लिखने की योग्यता भी अर्जित नहीं कर पाते हैं; उनसे पूरा वाक्य लिखने की अपेक्षा भी नहीं की जा सकती। वहीं दूसरी ओर निजी स्कूलों में पढ़ रहे बच्चे हिन्दी के साथ-साथ अंग्रेजी में भी पूरा-पूरा वाक्य लिखने की क्षमता प्राप्त कर लेते हैं। संस्था एनुअल स्टेट्स

ऑफ एजूकेशन रिपोर्ट (असर) की रिपोर्ट के अनुसार प्रदेश के सरकारी स्कूलों में बच्चों की उपस्थिति का प्रतिशत केवल 50 से 60 फीसदी है। इस संस्था की रिपोर्ट के अनुसार उत्तर प्रदेश प्राथमिक शिक्षा के सार्वजनिकीकरण का लक्ष्य भी अभी तक प्राप्त नहीं कर सका है और उत्तर प्रदेश में 5.3 फीसदी बच्चे स्कूल नहीं जा रहे हैं। इस रिपोर्ट के अनुसार प्रदेश में अब भी 9.9 फीसदी लड़कियाँ स्कूल नहीं जा रही हैं। बेटियों को स्कूल न भेजने के मामले में उत्तर प्रदेश सबसे आगे है। दूसरे नम्बर पर 9.7 फीसदी के साथ राजस्थान और तीसरे नम्बर पर 8.5 फीसदी के साथ मध्य प्रदेश का नम्बर आता है।

देश में शिक्षा अधिकार अधिनियम 2009 लागू किया गया जिसको देश की चरमराती शिक्षा व्यवस्था में एक परिवर्तन के रूप में देखा गया था। उत्तर प्रदेश में ढुलमुल राजनीतिक निर्णय और नौकरशाह के भ्रष्ट और कामचोर रवैये के कारण इस अधिनियम का लाभ प्रदेश के जनमानस को नहीं मिल सका।

गाँधी जी द्वारा 1924 में यंग इण्डिया में एक लेख के माध्यम से सरकार से प्रश्न किया गया था, 'मैं पूछता हूँ कि क्या सरकार ने सारे बच्चों को प्राथमिक सुविधाएँ उपलब्ध करा दी हैं? स्कूल में पढ़ाने के योग्य और प्रशिक्षित शिक्षक मौजूद हैं? क्या अभिभावकों को शिक्षा के महत्त्व से अवगत करा दिया गया है? क्या सभी विद्यालयों में पर्याप्त भौतिक संसाधन उपलब्ध करा दिये गये हैं? और अगर इन सभी का उत्तर हाँ में है तो इसके लिए कानून बनाने के लिए कोई आवश्यकता नहीं है और अगर नहीं में है तो कानून बनाने से पहले सरकार को इन प्रश्नों का हल ढूँढ़ लेना चाहिए।'

गाँधी जी द्वारा ऊपर उठाये गये प्रश्नों का उत्तर हाँ में तब्दील करने के लिए प्रदेश सरकार को प्रभावी कार्यवाही करनी होगी। विद्यालयों को आकर्षक बनाना होगा जिसके लिए विद्यालयों में समुचित शिक्षण एवं खेल-कूद सामग्री मुहैया करानी होगी और प्रत्येक कक्षा के लिए कम से कम एक योग्य एवं प्रशिक्षित शिक्षक उपलब्ध कराना होगा। यदि राज्य सरकार ऐसा करने में असमर्थ

रहती है तो बेहतर होगा कि प्रदेश की सम्पूर्ण प्राथमिक शिक्षा निजी हाथों को सौंप दी जाय और सरकार प्रभावी मॉनीटरिंग कर शिक्षा की गुणवत्ता सुनिश्चित करने का कार्य करे। इस समय बेसिक शिक्षा पर प्रतिवर्ष व्यय की जा रही लगभग 50 हजार करोड़ की धनराशि इन्फ्रास्ट्रक्चर विकास, अध्यापक प्रशिक्षण के साथ-साथ संसाधन उपलब्ध कराने पर व्यय करे। समय की माँग के अनुसार पाठ्यक्रम विकास के माध्यम से कौशल विकास को बेसिक शिक्षा का केन्द्र बिन्दु बनाना होगा।

प्रदेश की माध्यमिक शिक्षा की व्यवस्था किसी भी प्रकार से बेसिक शिक्षा से बेहतर नहीं है। माध्यमिक शिक्षा परिषद् जिसे 'यूपी बोर्ड' के नाम से जाना जाता है, का एक गौरवशाली इतिहास रहा है और हाल ही के वर्षों तक इसे विश्व की परीक्षा लेने वाली सबसे बड़ी संस्था के रूप में जाना जाता था। यूपी बोर्ड से हाईस्कूल और इण्टर की परीक्षा उत्तीर्ण कर चुके अनेक मेधावी छात्रों ने राष्ट्रीय और अन्तर्राष्ट्रीय स्तर पर ख्याति अर्जित की है। राजनीति से लेकर सिविल परीक्षाओं तक इस बोर्ड से उत्तीर्ण परीक्षार्थियों का अनेक दशकों तक देश में बोलबाला रहा। कालान्तर में शिक्षक संगठनों के बढ़ते हस्तक्षेप और शिक्षा में व्याप्त भ्रष्टाचार के कारण यूपी बोर्ड से मान्यता प्राप्त विद्यालयों का ह्रास प्रारम्भ हुआ। प्रदेश के राजकीय इण्टर कालेज जो कभी पूरे जिले के लिए 'पेस सैटर' होते थे वह संसाधनों के अभाव और शिक्षण में आयी गिरावट का शिकार बने। आज हालत यह है कि पुराने राजकीय माध्यमिक विद्यालयों के भवन अत्यन्त जर्जर हो चुके हैं, प्रयोगशालाओं में आवश्यक उपकरणों व सामग्री का अभाव है, अनेक राजकीय माध्यमिक विद्यालय अतिक्रमण का शिकार हो गये हैं और बहुत बड़ी संख्या में विद्यालयों द्वारा बिजली का बिल न जमा होने के कारण वर्षों से विद्युत आपूर्ति बाधित है। प्रदेश के अशासकीय माध्यमिक विद्यालयों की स्थिति इससे भी बदतर है। पुराने अशासकीय माध्यमिक विद्यालयों की स्थापना कुछ ऐसे निःस्वार्थ महानुभावों द्वारा की गयी थी जिनमें शिक्षा के लिए कुछ करने की अलख थी और मान-सम्मान के लिए

उन्होंने बहुत बड़े-बड़े भूमि भवन अपने स्रोतों से उपलब्ध कराकर इन विद्यालयों की स्थापना की थी। शिक्षा संगठनों के दबाव में सरकार की गलत नीतियों के कारण इन विद्यालयों के प्रबन्धतन्त्र अधिकार विहीन हो गये। फलस्वरूप उनमें इन विद्यालयों के प्रति रुचि शनैः-शनैः समाप्त होने लगी। नियुक्ति अधिकारी के अधिकार विहीन होने के कारण इन विद्यालयों में अव्यवस्था व्याप्त होने लगी। शिक्षण व्यवस्था ठप होने लगी। जिन अशासकीय माध्यमिक विद्यालयों में कभी 2-3 हजार बच्चे पढ़ा करते थे उनमें छात्र संख्या घट कर 200-300 हो गयी।

यूपी बोर्ड की साख को सबसे बड़ा झटका इसलिए लगा कि इसकी परीक्षाओं में बड़े पैमाने पर नकल की शिकायतें आने लगीं। कहा जाता है कि नकल ने यूपी बोर्ड की परीक्षाओं में एक उद्योग का दर्जा प्राप्त कर लिया है जिसमें शिक्षा अधिकारियों और विद्यालय प्रबन्धकों की साँठ-गाँठ से करोड़ों रुपये का लेन-देन होता है। वैसे तो नकल का यह खेल लगभग पूरे प्रदेश में हो रहा था किन्तु अतरौली (अलीगढ़), अजुहा (कौशाम्बी) और गाजीपुर इस खेल के प्रमुख केन्द्र बिन्दु रहे। कहा जाता है कि अन्य प्रदेशों और नेपाल तक से परीक्षार्थी परीक्षा देने उत्तर प्रदेश आते हैं। अतरौली (अलीगढ़) में हर दस कदम पर एक इण्टर कॉलेज स्थापित है जिनमें मात्र 2-3 ही शिक्षण कक्ष हैं पर इन विद्यालयों से प्रतिवर्ष सैकड़ों लड़के-लड़कियाँ हाईस्कूल तथा इण्टर की परीक्षा देते हैं। सबसे मजेदार बात यह है कि वहाँ पर नाम मात्र की आबादी है और परीक्षा अवधि में बाहर से परीक्षा देने आये सैकड़ों परीक्षार्थियों के आने पर उनके आवास व भोजन आदि की अस्थाई व्यवस्था स्थानीय लोगों द्वारा की जाती है। परीक्षा की अवधि सामान्यतः एक माह होने के कारण खाली समय में परीक्षार्थियों के मनोरंजन के लिए वीसीआर पर फ़िल्में दिखाने का धन्धा भी जोरों से चलता है।

यूपी बोर्ड के विद्यालयों में गुणवत्ता में आयी गिरावट के कारण एक निर्वात (वैक्यूम) उत्पन्न हुआ जिसकी पूर्ति धीरे-धीरे सीबीएसई के विद्यालयों ने करनी शुरू कर दी। हर अभिभावक अपने बच्चों

को गुणवत्तायुक्त शिक्षा दिलाने के लिए इतना जागरूक हो गया कि उनका यूपी बोर्ड के विद्यालयों से मोह भंग होने लगा और सीबीएसई के विद्यालयों के प्रति उनका आकर्षण बढ़ा। शिक्षक राजनीति से आजिज आकर प्रदेश में कई प्रतिष्ठित विद्यालयों ने यूपी बोर्ड को छोड़कर सीबीएसई का दामन थाम लिया।

प्रदेश के माध्यमिक विद्यालयों में इण्टर स्तर पर व्यवसायिक शिक्षा इस सोच के साथ प्रारम्भ की गयी कि इस शिक्षा को ग्रहण करके छात्रों का कौशल विकास होगा और यह शिक्षा उन्हें स्वरोजगार के लिए सक्षम बना देगी। यह योजना अपने उद्देश्यों को प्राप्त करने में नितान्त असफल रही। पाठ्यक्रमों के पुराने होने और प्रशिक्षित शिक्षकों के अभाव के कारण व्यावसायिक शिक्षा का यह पाठ्यक्रम इण्टर पास करने का एक सरल तरीका बन कर रह गया।

सूचना प्रौद्योगिकी के प्रादुर्भाव और कम्प्यूटर के मनुष्य के जीवन में अनिवार्य स्थान प्राप्त करने के फलस्वरूप कम्प्यूटर शिक्षा का महत्त्व किसी से छिपा नहीं है। भारत सरकार की सहायता से प्रदेश के चयनित माध्यमिक विद्यालयों में कम्प्यूटर शिक्षा प्रारम्भ की गयी। कम्प्यूटर शिक्षा को हाईस्कूल तथा इण्टर में एक वैकल्पिक विषय के रूप में भी स्थान मिला। कम्प्यूटर शिक्षकों के अभाव और कुप्रबन्धन के कारण प्रदेश के माध्यमिक विद्यालय उस स्तर की कम्प्यूटर शिक्षा देने में असमर्थ रहे जिसकी अपेक्षा की गयी थी। कितने आश्चर्य की बात है कि आज तक प्रदेश सरकार माध्यमिक विद्यालयों में एक भी पूर्णकालिक कम्प्यूटर शिक्षक की व्यवस्था नहीं कर सकी।

एक और बहुत बड़ा बदलाव देखने में आया। जहाँ केन्द्रीय माध्यमिक शिक्षा परिषद् (सीबीएसई) की परीक्षा में छात्रों को अत्यन्त उच्च अंक दिये जा रहे थे वहीं यूपी बोर्ड की परीक्षाओं में छात्रों को अपेक्षाकृत बहुत कम अंक प्रदान किये जा रहे थे। स्पष्टतः अकादमिक परीक्षा में अंक और वास्तविक बौद्धिक योग्यता के बीच का रिश्ता खण्डित हो रहा था। इस कारण प्रतिस्पर्धा के इस युग में यूपी बोर्ड के छात्रों को बहुत क्षति उठानी पड़ रही

थी। जहाँ एक ओर मेरिट के आधार पर उच्च शिक्षण संस्थाओं में प्रवेश में यूपी बोर्ड के छात्र पिछड़ रहे थे वहीं दूसरी ओर सरकारी नौकरियों में भी उन्हें खमियाजा भुगतना पड़ रहा था। उत्तर प्रदेश में ही शिक्षक भर्ती में 80 प्रतिशत ऐसे छात्र बाजी मार रहे थे जिन्होंने सीबीएसई बोर्ड की परीक्षा से हाईस्कूल उत्तीर्ण किया था। निदेशक, माध्यमिक शिक्षा के रूप में 5 वर्ष तक शिक्षकों तथा परीक्षकों से संवाद कर मेरे द्वारा इस दिशा में काफी सुधार लाया गया।

आज उत्तर प्रदेश में माध्यमिक शिक्षण संस्थाओं का दिन-प्रतिदिन बिगड़ता और गिरता स्वास्थ्य सभी के लिए चिन्ता का कारण बन रहा है। प्रदेश सरकार को दृढ़ राजनीतिक इच्छाशक्ति दिखाने सम्पूर्ण माध्यमिक शिक्षा व्यवस्था में आमूलचूल परिवर्तन करने माध्यमिक शिक्षा में अनुशासन लाने के लिए निजी प्रबन्धतन्त्रों को और अधिक अधिकार देने होगें। पाठ्यक्रम को समयानुकूल बनाना होगा। प्रदेश की बहुत बड़ी युवा जनशक्ति को कौशल विकास की ओर ले जाना होगा। प्रदेश के नौजवानों में स्वरोजगार एवं कर्मठता में गर्व का एहसास दिलाना होगा। उन्हें सरकारी नौकरियों की सोच से आगे निकल कर उद्यमशीलता की प्रेरणा देनी होगी।

उत्तर प्रदेश में नदियों की छाती चीर कर रेत का अवैध खनन किया जा रहा है जबकि उत्तर प्रदेश में खनन पट्टे की नयी नीति पर पिछले चार वर्षों से कोर्ट ने रोक लगा रखी है। सत्ताधारी दल के करीब और दिग्गज नेताओं के नाते रिश्तेदार इस धन्धे में जमकर मलाई काट रहे हैं। खनन के खेल के खिलाड़ियों के रुतवे का अन्दाजा इसी से लगाया जा सकता है कि खनन मन्त्री से लेकर स्थानीय प्रशासन तक दबी जुबान से खनन के अवैध खेल को लेकर चर्चा कर रहे हैं, लेकिन उ.प्र. सरकार के जिम्मेदार इस सच को स्वीकार करते नज़र नहीं आ रहे हैं।

उ.प्र. के खनन मन्त्री ने फैजाबाद में एक प्रेसवार्ता के दौरान कहा : *"कोर्ट ने स्टे लगा रखा है लेकिन बालू की आवश्यकता सभी*

को है। बालू की जरूरत कैसे पूरी हो? आमजनता को अपना घर बनाने से लेकर विकास कार्यों के लिए बालू, मौरंग जैसी वस्तुओं की निरन्तर जरूरत होती है। पालिसी तय न होने के कारण उ.प्र. सरकार को भी राजस्व की क्षति हो रही है, लेकिन किया कुछ नहीं जा सकता। जबतक कोर्ट अपना फैसला नहीं सूना देता, तब तक ऐसे चलता रहेगा। यह अलग बात है कि पिछली सरकारों के कार्यकाल में डाके जैसी स्थिति थी जबकि वर्तमान में चोरी जैसा माहौल है।" एक जिम्मेदार कैबिनेट मन्त्री का यह बयान चौंकाने वाला हो सकता है लेकिन सच्चाई कुछ ऐसी ही है। हाल ही में सूबे के मुख्यमन्त्री अखिलेश यादव ने दावा किया था कि उ.प्र. में कहीं अवैध खनन नहीं हो रहा है, जबकि बुन्देलखण्ड के कई इलाकों यहाँ तक कि मध्य प्रदेश की सीमा से सटे इलाकों में अवैध खनन अपने चरम पर है। हजारों की संख्या में बालू लदी ट्रकों का यू.पी. की सरहद में आवागमन किसी से छिपा नहीं है। कहीं पर पूर्व डकैत चन्द्रपाल का बेटा लाखन सिंह सपा के बैनर तले अवैध खनन में जुटा है तो कहीं सत्ताधारी दल के यादव परिवार से सम्बन्धित लोग अवैध खनन में बराबरी की भूमिका को नजरअन्दाज नहीं किया जा सकता। जानते सब हैं, इसके बावजूद सत्ताधारी दल से सम्बन्ध रखने वालों के खिलाफ स्थानीय प्रशासन के हाथ बँधे हुए हैं।

देश के सर्वोच्च न्यायालय का आदेश है कि नदियों से खनन मामले में नियम कानून से सम्बन्धित कोई लापरवाही न बरती जाय। पर्यावरण की अनदेखी करने वालों के खिलाफ सख्त कार्यवाही के निर्देश भी यू.पी. सरकार को दिये जा चुके हैं। सुप्रीम कोर्ट ने अपने फैसले में साफ कहा है कि नदियों में खनन के लिए भारी भरकम मशीनों को नहीं उतारा जा सकता। रात में किसी भी प्रकार के खनन और ट्रकों की आवाजाही पर पूरी तरह से रोक है। यहाँ तक कि पर्यावरण विभाग से अनुमति लेते समय अनुबन्ध में तय किया जाता है कि खनन करने वाले नदियों के प्रवाह को नहीं रोकेंगे। पानी से बालू के अलावा मौरंग नहीं निकाली जायेगी। नियम कानून और यहाँ तक कि एक जनहित याचिका पर कोर्ट सख्त

निर्देश दे चुका है। उसके बावजूद समानान्तर बैठा बालू माफिया बखौफ पर्यावरण से खिलवाड़ करने में मशगूल है। यह सारा खेल आम जनता की आँखों के सामने खेला जा रहा है लेकिन खनन के क्षेत्र से जुड़े लोगों के सम्बन्ध राजनीतिज्ञों और अपराधियों से जुड़े होने के कारण कोई आवाज उठाने को तैयार नहीं है। मुख्यमन्त्री के सख्ती के बावजूद जो खदानें चल रही हैं, ये वह अवैध खदानें हैं जिनके सम्बन्ध सीधे सत्ताधारी दल यादव परिवार के किसी न किसी सदस्य से हैं।

यू.पी. के बुन्देलशहर के बाँदा, चित्रकूट, महोबा, हमीरपुर, जालौन, झाँसी व ललितपुर में खनिज सम्पदा का विशाल भण्डार है। इन जिलों में जहाँ एक ओर पहाड़ों में काला सोना ग्रेनाइट भरा पड़ा है तो यहाँ की नदियों में बालू और केन नदी में कीमती सजर पत्थर की भारी मात्रा किसी को भी अपने मोहपाश में बाँध सकती है। यही वजह है कि समाजवादी पार्टी से जुड़े माफिया किस्म के लोग अवैध खनन के खेल में रातोंरात अमीरों की श्रेणी में पहुँच रहे हैं। स्थानीय प्रशासन के जिम्मेदार अधिकारियों में भी इन्हें रोक पाने की हिम्मत नहीं है। अखिलेश सरकार में ही माफियाओं के दबाव में गौतमबुद्धनगर में तैनात आई.ए.एस. अधिकारी दुर्गाशक्ति नागपाल का निलम्बन सभी को याद है। खनन माफियाओं के खिलाफ शिकंजा कसने की सजा एक और आई.ए.एस. अधिकारी शीतल वर्मा को भुगतनी पड़ी जिन्होंने जिलाधिकारी के रूप में खनन माफियाओं के खिलाफ कार्यवाही करने की हिम्मत दिखायी। हकीकत यह है कि यूपी के ज्यादातर हिस्सों में अवैध खनन का काम राजनीतिक संरक्षण में फल-फूल रहा है।

देश में सर्वाधिक 21 लाख बाल मजदूर उ.प्र. में हैं। प्रदेश की राजधानी लखनऊ बाल श्रम के मामले में सूबे के टॉप 10 जिलों में शामिल है। यहाँ जितनी तेजी से विकास हुआ है उसी के अनुपात में बाल श्रम भी बढ़ा है। दुकानों, बड़े प्रतिष्ठानों, घरों के अलावा शहर की सड़कों पर लगने वाले ठेलों पर बचपन दम तोड़ रहा है।

श्रम विभाग के आँकड़े बताते हैं कि तीन जिले बहराइच,

गोण्डा और श्रावस्ती में सबसे अधिक बाल मजदूर बाहर भेजे जाते हैं। इनमें 26 प्रतिशत बाल मजदूर 9-11 साल की उम्र के हैं जबकि 20 प्रतिशत 11-12 साल, 34 प्रतिशत 12-13 साल और शेष इससे अधिक उम्र के हैं। इन बाल श्रमिकों को औसतन 500 से 1200 रुपये प्रतिमाह की मजदूरी मिलती है। केवल 15 प्रतिशत बच्चों को ही 3000 रुपये प्रतिमाह मिल रहा है। इनमें से 12 प्रतिशत बच्चे प्रतिदिन 8 से 10 घंटे जबकि 23 प्रतिशत 10-12 घंटे काम कर रहे हैं। वहीं 12-14 घंटे काम करने वाले बच्चों की संख्या भी अधिक है।

इन बाल श्रमिकों में 25 प्रतिशत शहर में रहते हैं जबकि शेष तीन चौथाई गाँव में बाल मजदूर खेती, मजदूरी और ठेलों व खोमचों सहित अन्य कामों में लगे हुए हैं। अगर उम्र के हिसाब से देखें तो 7-14 वर्ष के करीब तीन लाख बच्चे लिख और पढ़ नहीं सकते। वहीं 4.7 लाख बाल श्रमिक ऐसे हैं जिनके लिए पढ़ाई प्राथमिकता में नहीं है। उ.प्र. में 33 प्रतिशत बाल श्रमिक निरक्षर हैं।

अखिलेश सरकार ने अपने चार साल से अधिक के कार्यकाल में इनकी दशा सुधारने के लिए कोई ठोस प्रयास नहीं किये हैं। स्थिति में ऐसा कोई बदलाव दिखायी नहीं पड़ रहा है। बाल श्रमिक की वर्तमान स्थिति में बदलाव नहीं हुआ तो ये बच्चे गरीबी व बेरोजगारी की पीढ़ी दर पीढ़ी चलने वाली परम्परा का हिस्सा बन जायेंगे और कुछ भविष्य में अपराध से जुड़कर प्रदेश की कानून व्यवस्था को प्रभावित करेंगे। लिहाजा राज्य सरकार को चाहिए कि वह बाल श्रम निरोधक कानून का मजबूती से पालन कराये। बाल श्रम में लगे हुए बच्चों की शिक्षा व्यवस्था करने के साथ-साथ ऐसे उपाय खोजने होंगे जिससे इन बाल श्रमिकों द्वारा अर्जित की जाने वाली धनराशि की प्रतिपूर्ति हो सके।

विधानसभा चुनाव की डुगडुगी बजने से पहले यूपी सरकार ने प्रधानमन्त्री की सांसद आदर्श ग्राम योजना तथा स्मार्ट सिटी योजना के जवाब में इनिशिएटिव ऑफ समाजवादी पार्टी एण्ड अखिलेश यादव रूरल सस्टेनेबल होम्स (Initiative of Samajwadi Party and Akhilesh Yadav Rural Sustainable Homes) यानी 'आई स्पर्श' योजना लायी है। इस योजना के अन्तर्गत हर जिले में चयनित गाँवों लगभग 5 करोड़ रुपयों की धनराशि मुहैया कराकर गाँवों में बुनियादी सुविधाओं जैसे सड़क, बिजली, पेयजल, सफाई, आवास के अलावा सामाजिक सुरक्षा सम्बन्धी योजनाओं का तय समय में क्रियान्वयन निश्चित करने का दावा किया है। जनेश्वर मिश्र गाँव को इस योजना के तहत चयन में प्राथमिकता दी जायेगी। इन गाँवों में सोलर लाइट, सोलर वाटर आर ओ, वाटर ए.टी.एफ. जैसी सुविधाएँ इन गाँवों को नया दृश्य प्रदान करेंगी।

इस योजना की घोषणा के समय को देखकर सहज ही अनुमान लगाया जा सकता है कि 2017 के चुनाव के मद्देनजर जनता को यह सन्देश देने की कोशिश की गयी है कि अब अखिलेश सरकार गाँवों का रुख करने जा रही है। प्रदेश सरकार ने इस योजना के लिए 2016-17 के बजट में प्रावधान भी कर दिया है। जाहिर है कि समाजवादी सरकार 2017 के विधानसभा चुनाव में जनता को कुछ उपलब्धियाँ दिखाना चाहती है। बजट में झलकती सरकार की चुनावी कवायद तो ठीक है, पर बड़ा संकट तो योजनाओं को जमीन पर उतारने से जुड़ा है। सूबे की बेलगाम नौकरशाही में अपने हुनर का इस्तेमाल इन योजनाओं से जरूरतमन्दों को लाभ पहुँचाने की जगह कई तरह की छन्नियों को ईजाद करने में किया है, जिनसे हर बजट का तकरीबन आधा पैसा रिस जाता है। यह देखने वाली बात होगी कि इस योजना का लाभ प्रदेश के कितने गाँवों की शक्ल बदलने में कामयाब होगा।

मोदी सरकार ने सत्ता सँभालते ही 2 अक्टूबर 2014 को स्वच्छ भारत अभियान शुरू किया था। यह एक राजनीति मुक्त अभियान है और देशभक्ति से प्रेरित है। इसका उद्देश्य विशाल जन आन्दोलन के माध्यम से ग्रामीण और शहरी क्षेत्रों से गन्दगी को दूर भगाना है। इस मिशन के इंपैक्ट को परखने के लिए 10 लाख की आबादी के ऊपर के शहरों में सफाई की स्थिति का आकलन प्रतिवर्ष केन्द्रीय शहरी विकास मन्त्रालय द्वारा किया जाता है। इसमें

देश के 73 शहर, जिसमें से 7 शहर उत्तर प्रदेश के हैं के साफ-सुथरे होने के आधार पर मूल्यांकन कराया जाता है। यह मूल्यांकन जिन मानकों के आधार पर किया जाता है उसमें सफाई, वेस्ट कलेक्शन और ट्रांसपोर्टेशन, कूड़े के डिस्पोजल की प्रक्रिया, पब्लिक और कम्युनिटी टॉयलेट्स की स्थिति, सालिड वेस्ट मैनेजमेंट योजना और सिटीजन बिहेवियर आदि को परखा जाता है। इसके लिए शहरों को 2 हजार में से नम्बर दिये जाते हैं।

शहरी विकास मन्त्रालय ने इन शहरों को चार ग्रुप में बाँटा है–लीडर्स, इंस्पायरिंग लीडर्स, एक्सीलरेशन रिक्वायर्ड तथा स्लो मूवर्स। 4 से 15 जनवरी 2016 तक केन्द्रीय शहरी विकास मन्त्रालय द्वारा यू.पी. में किये गये स्वच्छता सर्वेक्षण में लीडर्स ग्रुप में उत्तर प्रदेश का कोई शहर स्थान नहीं पा सका। इंस्पायरिंग लीडर्स की श्रेणी में इलाहाबाद और लखनऊ पाये गये। एक्सीलरेशन रिक्वायर्ड श्रेणी में कानपुर और आगरा को रखा गया। गन्दे शहर यानी स्लो मूवर्स में यू.पी के तीन शहर–वाराणसी, गाजियाबाद और मेरठ को स्थान मिला। स्वच्छता रैंकिंग में दो शहरों–इलाहाबाद व लखनऊ ने अपने प्रदर्शन में गत वर्ष की तुलना में सुधार किया। (पुस्तक के प्रकाशन तक इस स्थिति में परिवर्तन सम्भाव्य है।)

केन्द्रीय शहरी विकास मन्त्रालय द्वारा वस्तुनिष्ठ ढंग से किये गये सर्वेक्षण में स्पष्ट रूप से यह संकेत देता है कि उत्तर प्रदेश को स्वच्छ उत्तर प्रदेश बनाने की दिशा में शीघ्र ही राज्य सरकार के साथ-साथ स्वैच्छिक संस्थाओं को साथ मिलकर गम्भीर प्रयास करने होंगे और स्वच्छता के प्रति जनमानस में जागृति उत्पन्न करनी होगी। उत्तर प्रदेश को उत्तम प्रदेश बनाने की दिशा में यह महत्त्वपूर्ण पहल अत्यावश्यक है।

सिन्धु घाटी का खनन हुआ तो पता चला उस दौर में हर घर में शौचालय था, वह भी पानी की सुविधायुक्त था और ढकी हुई नाली से पिट से जुड़ा हुआ था। यह तथ्य बताते हैं कि भारतीय लोग उस समय सेनेटरी विज्ञान से पूरी तरह परिचित थे। उत्तर प्रदेश बुद्ध की धर्मस्थली श्रावस्ती में भी खुदाई के दौरान मकानों के साथ

पानी भण्डारण के हौदे और सोक-पिट मिले हैं। स्नानागार बहुतायत में मिले हैं, पानी निकासी के इन्तजाम भी मिले हैं। मगर शौच कब दिशा-जंगल हो गया कि घर से बाहर दूर स्थान पर नित्यक्रिया सम्पन्न करना लोगों ने प्रारम्भ कर दिया है। आम चेतना में हो गया कि शौच खुले में किया जाये तो इससे चहलकदमी भी हो जायेगी और वनस्पतियों के लिए खाद भी मिल जायेगी। जानकार शौच सभ्यता के लिए 500 ई. से लेकर 1500 ई. की अवधि को काला समय मानते हैं। मुगलकाल में राजमहलों और धनिकों के घरों में पहले लकड़ी के टॉप वाले शौचालय चलन में आये पर बाद में पत्थर के टॉप बनने लगे। इसी काल में सामान्य नागरिकों के घर पर शौचालय जैसा विचार सभ्यता का अंग नहीं रह गया। इस दिशा में सबसे कम प्रगति हुई, इसीलिए तो नगरीय इलाकों में बहुत समय तक शुष्क शौचालयों का राज रहा।

कभी इतनी जनसंख्या नहीं रही होगी, गाँव भी दूर-दूर बसते होंगे, शौच का स्थान आबादी क्षेत्र से इतना दूर होता होगा कि उसका दुष्प्रभाव आस-पास के जीव-जन्तुओं पर नहीं पड़ता होगा तथा सामाजिक सुरक्षा के लिए खतरा भी नहीं बना होगा।

उत्तर प्रदेश में यदि अभियान का जायजा लिया जाये तो सूबे में स्वच्छ भारत मिशन (ग्रामीण) दम तोड़ता नजर आ रहा है। वर्ष 2015-16 में 20,93,294 व्यक्तिगत शौचालय बनाये जाने थे। इनमें 6,30,813 शौचालय ही बनाये जा सके हैं यह लक्ष्य का महज 30.13 फीसदी है। चित्रकूट, बस्ती, बलिया, पीलीभीत, गोरखपुर, सोनभद्र, फैजाबाद, लखनऊ, मऊ और ललितपुर की प्रगति बेहद खराब पायी गयी।

प्रदेश सरकार महत्वाकांक्षी डॉ. राम मनोहर लोहिया समग्र निवास योजना के अन्तर्गत चयनित ग्रामों में शौचालय निर्माण कराया जा रहा है। वास्तविक यह है कि ग्रामीण क्षेत्रों में सरकार के तमाम दावों के बावजूद अभी भी अधिसंख्य घरों में शौचालय का निर्माण नहीं हुआ है और लोग खुले में शौच कर स्वच्छता अभियान का मजाक उड़ा रहे हैं। जिन गाँवों में बजट जारी भी हुआ है वहाँ

निर्माण में अनियमितताएँ देखने को मिल रही हैं। यही कारण है कि जहाँ पर शौचालय बन भी गये हैं उनकी हालत इस्तेमाल करने लायक नहीं है। गाँवों में दोयम दर्जे की निर्माण सामग्री से शौचालय निर्माण कर लाखों रुपये का गोलमाल किया जा रहा है। वह भी तब जबकि गाँव के चयनित लाभार्थी के द्वारा खुद शौचालय का निर्माण कराने के बाद दो किश्तों के 12 हजार रुपये प्रोत्साहन धनराशि देने का प्रावधान है। प्रोत्साहन राशि का 75 प्रतिशत यानी 9 हजार की धनराशि केन्द्र सरकार तथा 25 प्रतिशत यानी 3 हजार रुपये की धनराशि राज्य सरकार द्वारा दी जाती है। बावजूद इसके खुद सचिव द्वारा ठेकेदार लगाकर शौचालयों का निर्माण कराया जा रहा है। इन शौचालयों के निर्माण में गुणवत्ता का कतई ध्यान नहीं दिया जा रहा है। शौचालयों के गड्ढों पर रखे जाने वाले ढक्कन इतने पतले और कमजोर बनाये जा रहे हैं जिसके ऊपर से यदि कोई जानवर भी निकल जाये तो यह भरभराकर टूट जायेगा।

लखनऊ में पारा की आठवीं पास माया देवी ने स्वच्छता की दिशा में बड़ा कदम उठाया है। ससुराल वालों ने जब शौचालय नहीं बनवाया तो वह ससुराल छोड़कर पति के साथ मायके चली गयी। करीब डेढ़ साल से मायके में रह रही माया ने साफ कह दिया है कि जब तक शौचालय नहीं बनेगा, वह अपनी ससुराल नहीं जायेगी। उसकी ससुराल वाले माया के बच्चे को अभी तक देख नहीं पाये हैं। अब वे बहू को मनाने के लिए जल्द से जल्द शौचालय बनवाने की तैयारी कर रहे हैं।

प्रियंका भारती उत्तर प्रदेश की ही बहू है जिसने शौचालय न होने की वजह से ससुराल जाने से मना कर दिया था और उसकी यह जिद न केवल देश-दुनिया में सुर्खियों में रही थी, बल्कि स्वच्छता अभियान के विज्ञापन में फ़िल्म अभिनेत्री विद्या बालन के साथ भी उसकी मिसाल दी गयी। इसी प्रकार कानपुर की कलावती की राजा का पुरवा में साझा शौचालय बनाने की पहल भी अन्तर्राष्ट्रीय स्तर पर पहचानी गयी।

लखनऊ के पपनामऊ की नूरजहाँ और उनकी 11 साल की

बेटी नरगिस का नाम गाँव में आज हर जुबान पर है। दोनों ने घर में टॉयलेट बनवाने के लिए लम्बी लड़ाई लड़ी। घरवालों से बहस हुई। आखिरकार उनकी पहल रंग लायी और सात महीने में गाँव की तस्वीर ही बदल गयी। अब गाँव के हर घर में टॉयलेट है और खुले में शौच बीती बात हो चुकी है।

खुले में शौच करने के खिलाफ इस अभियान ने पूरे गाँव की तस्वीर बदल दी। अभियान भी अनोखा। खुले में शौच करने वालों को कभी फूल देकर रोका गया तो कभी सीटी और तालियाँ बजाकर। यह मुहिम किसी एनजीओ की नहीं, बल्कि सरोजनी नगर ब्लाक के शाहपुर मझिगवां लोहिया गाँव की कुछ लड़कियों की है। गाँव की लड़कियों की पहल का नतीजा है कि यहाँ 120 परिवार में से 105 के यहाँ शौचालय तैयार हो गये हैं। बाकी बचे 15 परिवारों के यहाँ शौचालयों का निर्माण शीघ्र पूरा होने की उम्मीद है।

बरेली में करीब 90 घरों में सरकारी पैसे से बने शौचालय को तोड़ने की घटना भी संज्ञान में आयी। जिन व्यक्तियों ने अपने घर के शौचालय तोड़ दिये, उनके तर्क हैरान करने वाले हैं। किसी ने शौचालय बनने के कारण पहले से ही छोटे घर में जगह कम पड़ने की बात बतायी, तो किसी ने कहा बच्चों को खेलने की जगह ही नहीं बचती थी। कुछ ने यह तर्क दिया कि बच्चों और बुजुर्गों को शौचालय में असहज महसूस होता है। खुले में शौच करने के लिए कोई धर्म का सहारा ले रहा है तो कोई आदत बता रहा है।

बरेली की यह घटना बताती है कि सिर्फ शौचालयों को बनवाना ही चुनौती नहीं है, बल्कि चुनौतियाँ ज्यादा बड़ी हैं। घनी बस्तियों में जगह की कमी की समस्या है। खुले में शौच करने की मानसिकता से निपटने के लिए प्रभावी तौर पर जनजागरूकता आवश्यक है। साथ ही शौचालयों की देखभाल और स्वच्छता के लिए पर्याप्त पानी की व्यवस्था भी जरूरी है। अब खुले में शौच के साइड-इफेक्ट सामने आ रहे हैं। उत्तर प्रदेश में हर साल जापानी बुखार जैसी बीमारियों के कारण सैकड़ों बच्चे अपनी जान गँवा रहे हैं। इस सम्बन्ध में किये गये अध्ययनों से यह स्पष्ट हो चुका है कि खुले में

शौच करने से जल-स्रोत भी प्रदूषित होते हैं। वास्तव में सोच स्वच्छ करने की चुनौती सबसे बड़ी है जिसका समाधान दृढ़ राजनीतिक इच्छाशक्ति और जन सहयोग से ही सम्भव है। विज्ञापनों, होर्डिंग आदि के अलावा देश के कई हिस्सों में बच्चों की प्रभात फेरी निकाल कर खुले में शौच करने वालों को चेता रही है, उत्तर प्रदेश में भी इसे आजमाया जा सकता है। जब तक सरकार तथा समाज दोनों अपने स्तर पर इससे नहीं जुड़ेंगे, तब तक उम्मीदों भरे इस प्रदेश को उत्तम प्रदेश बनाना सम्भव नहीं होगा।

प्रदेश के बिजनौर जिले में शौच करने पर माँ-बेटे पर जुर्माना लगाने का उदाहरण खुले में शौच करने वालों के लिए सब कभी है और सुधरने के लिए नसीहत और हिदायत भी। इसे स्वच्छता अभियान का असर कहें या जनमानस की जागरूकता, सच जो भी हो पर बिजनौर के एक गाँव से उम्मीद का नया सवेरा हुआ है, उसकी रोशनी स्वस्थ समाज की ओर ले जाने का काम करेगी।

बिजनौर के मिठनपुर कुँवर गाँव की यह घटना जिले के जिलाधिकारी वी.के. आनन्द की पहल पर सम्भव हो सकी। गाँव के प्रधान सतेन्द्र कुमार ने जिलाधिकारी के निरीक्षण के समय कुछ लोगों की खुले में शौच की शिकायत करने पर दोनों पर 500-500 रुपया जुर्माना लगाया। यह कार्यवाही पंचायती राज एक्ट की धारा 97 एवं 100 के तहत की गयी, जिसमें गाँव पंचायत को सफाई व्यवस्था बनाये रखने एवं उसमें व्यवधान उत्पन्न करने पर कार्यवाही का अधिकार है। मजेदार बात यह है कि जिन माँ-बेटे पर यह जुर्माना लगाया गया उनके घर में शौचालय था, लेकिन वे दोनों उसका उपयोग नहीं कर रहे थे। इस गाँव के सभी 144 घरों में शौचालय है और इन दोनों को छोड़कर गाँव के बाकी लोग शौचालयों का प्रयोग कर रहे हैं।

बिजनौर का यह उदाहरण पूरे प्रदेश के लिए एक सबक है जिसका अनुसरण बाकी जगहों पर भी होना चाहिए। प्रदेश सरकार को भी चाहिए कि समाज के हित में कोई सख्त कानून बनाना पड़े तो संकोच नहीं होना चाहिए।

अखिलेश सरकार को चाहिए कि उ.प्र. में जंगलों को बढ़ाया जाय। प्रदेश में जंगल लगातार सिकुड़ते जा रहे हैं, कंकरीट के जंगल में हरियाली खो रही है और शहरों में पेड़ लगातार काटे जा रहे हैं। हालात ये हैं कि प्रदेश की सात प्रतिशत से भी कम भूमि पर जंगल रह गये हैं। 22 अप्रेल 2016 को विश्व पृथ्वी दिवस के अवसर पर 'पृथ्वी के लिए वृक्ष' थीम दी गयी है। वजह साफ है, यह समझ बढ़ाने का प्रयास किया जा रहा है कि पेड़ रहेंगे तो पृथ्वी बचेगी। उ.प्र. में पौधारोपण के सारे प्रयास तब तक व्यर्थ हैं जब तक दशकों में बड़े हुए पेड़ों को काटने से न रोका जाय। उ.प्र. में घटे ग्रीनकवर के लिए समय पर पौधा लगाने की सोच को नहीं अपनाना प्रमुख वजह है। उ.प्र. में वन्य क्षेत्र घटने की सबसे बड़ी वजह शहरों का विस्तार है। छोटे शहर बड़े हो रहे हैं कस्बे शहर बन रहे हैं और गाँव कस्बों में तब्दील हो रहे हैं। पहले खेती के लिए पेड़ काट रहे थे, लेकिन अब निर्माणों के लिए कटाई की जा रही है। प्रदेश सरकार को चाहिए कि नये पौधारोपण कार्यक्रमों के साथ-साथ जो जंगल संरक्षित नहीं है, वहाँ खेती व निर्माण जैसी गतिविधियों को नियन्त्रित किया जाय। प्रदेश सरकार ने 'हरित पट्टी विकास योजना' प्रारम्भ की है जिसकी सफलता पर्यावरण संरक्षण के प्रति सरकार की प्रतिबद्धता निर्धारित करेगी।

कुछ दिन बाद विकास के रथ पर सवार होकर चुनावी महासमर में उतरने की तैयारी में जुटे मुख्यमन्त्री अखिलेश यादव के लिए कारोबारी सहूलियतों के हिसाब से प्रकाशित की गयी विश्वबैंक की 'ईज आप डूइंग' बिजनेस की रिपोर्ट एक झटका है। रिपोर्ट के अनुसार देश साल भर में एक पायदान ही सही, आगे बढ़ा है। लेकिन यूपी चार पायदान नीचे खिसककर 14वें स्थान पर पहुँच गया है। ज्ञातव्य है कि विश्व बैंक व डिपार्टमेण्ट ऑफ इण्डियन पालिसी एण्ड प्रमोशन (डी.आई.पी.पी.) की इसी रिपोर्ट में पिछले साल यूपी को टॉप-10 रैंकिंग में स्थान मिला था। इस रिपोर्ट से प्रदेश के कई विभागों की आधे-अधूरे मन से की गयी कार्यवाही की पोल खुल गयी।

यूपी की परफारमेंस इस लिहाज से भी चिन्ताजनक है कि पिछले साल यूपी से खराब परफारमेंस वाले कई राज्यों ने शानदार प्रयास कर अच्छा स्थान पाया है। पड़ोसी उत्तराखण्ड 2015 की रिपोर्ट में 23वें स्थान पर था। ताजा रिपोर्ट में इसने 14 पायदान की छलाँग लगाकर टॉप-10 में जगह बनायी है। और 9वाँ स्थान प्राप्त किया है।

भारत विश्व का पहला देश है, जहाँ कॉरपोरेट सामाजिक दायित्व (Corporate Social Responsibility) को कम्पनी अधिनियम, 2013 के तहत कानूनी बाध्यता प्रदान की गयी है। इसके अन्तर्गत सरकारी उपक्रमों को अपने सकल का दो फीसदी सामाजिक कार्यों पर व्यय करने की व्यवस्था की गयी है। वहीं निजी कम्पनियों को भी सामाजिक दायित्व के अन्तर्गत अपने लाभांश का 2 प्रतिशत सामाजिक भलाई के कार्यों पर खर्च करने का प्रावधान है। उत्तर प्रदेश में यदि इस कानून के प्रति सजगता दिखाते हुए प्रदेश सरकार उपक्रमों और निजी कम्पनियों को प्रोत्साहित करेगी तो निश्चित रूप से शिक्षा, स्वास्थ्य सहित अन्य सामाजिक कार्यक्रमों के लिए अतिरिक्त धनराशि सुलभ हो सकेगी जो प्रदेश को उत्तम प्रदेश बनाने की दिशा में सहायक होगा।

उत्तर प्रदेश की वर्तमान दशा का उपर्युक्त वर्णन प्रदेश के भविष्य को लेकर कुछ बहुत सन्तोषजनक तस्वीर हमारे सामने प्रस्तुत नहीं करता है।

आजादी के इतने साल बाद भी गरीबी तो मिटी नहीं। हाँ! उनकी संख्या इतनी बढ़ी कि गरीबी की रेखा की परिभाषा ही राजनेताओं ने अपनी राजनीतिक सुविधा के अनुसार बदल ली। राजनीति धन्धा बन गयी है पैसा कमाने का। राजनीति जनसेवा के बहाने कमाई का जरिया बन गयी है। भ्रष्ट राजनेताओं, उनके परिजनों, रिश्तेदारों, मित्रों, पार्टी के चमचे, नौकरशाहों और अपराधियों ने जरूर अपनी गरीबी दूर कर ली है। सात पीढ़ी का पक्का इन्तजाम कर लिया है। समाजवाद, गरीबी हटाओ का सपना बेचने वालों ने सत्ता में पहुँचते ही बड़ी बेशर्मी से विश्वासघात जनता के साथ किया। सारे

वादे खोखले सिद्ध हुए। प्रदेश में आज भी 5 लाख से अधिक युवक बेरोजगार हैं और समाजवादी पार्टी की 5 साल की सरकार के बाद अपने आप को ठगा महसूस कर रहे हैं।

2017 के विधानसभा चुनाव की घोषणा के साथ सूबे में सियासी पार्टियों के बीच शह और मात का खेल प्रारम्भ हो चुका है। भाजपा केन्द्र में सत्ता पाने के बाद 2017 में यूपी की सत्ता पर भी कब्जा जमाने का सपना देख रही है। भाजपा के लिए यह समय बदलाव और नयी चुनौतियों वाला है, जबकि सत्ता पर कब्जा बरकरार रखने का सपना देख रही सपा और सत्ता में वापसी की कोशिश में जुटी बसपा के लिए वर्तमान समय कई कसौटियों पर खरा उतरने का है तो कांग्रेस के लिए भी कुछ कर दिखाने की चुनौती इन्तजार कर रही है।

जनता यह सवाल पूछेगी कि कांग्रेस यूपी में चार दशक से अधिक के राज में गरीबी क्यों नहीं हटा सकी। भले ही भाजपा को यूपी में सत्ता की कमान बहुत थोड़े समय के लिए मिली थी किन्तु यह सवाल तो उनसे अवश्य पूछा जायेगा कि कसम खाने के बाद भी राम मन्दिर क्यों नहीं बना, कब बनेगा? यदि नहीं बनाना था तो मस्जिद क्यों तोड़ी?

प्रदेश के साम्प्रदायिक माहौल को क्यों बिगाड़ा? सपा व बसपा से यह सवाल पूछे जायेंगे कि इन दोनों के 2 दशक से अधिक के कार्यकाल में प्रदेश के विकास के लिए इन्होंने क्या किया और पिछड़ों और दलितों को वह क्यों नहीं मिला जिनके सपने इन्हें दिखाये गये थे।

समाजवादी मेहरबानियाँ

2012 के विधानसभा चुनाव के पहले समाजवादी पार्टी के चुनावी घोषणा-पत्र में वादा किया गया था कि बसपा राज के भ्रष्टाचार की जाँच के लिए आयोग बनाया जायेगा। यह आयोग अखिलेश सरकार के 4½ वर्ष व्यतीत हो जाने के उपरान्त भी आज तक आकार नहीं ले पाया है। अलबत्ता जैसे ही 2012 में समाजवादी पार्टी की सरकार बनी भ्रष्टाचार के लिए कुख्यात अधिकारियों की मलाईदार पदों पर कब्जा करने की कवायद शुरू हो गयी। सरकार बनते ही भ्रष्ट और एक जाति विशेष के अधिकारियों को प्रश्रय देना शुरू हुआ और फिर इसके बाद तो भ्रष्टाचार और नियमों का खुल्लमखुल्ला उल्लंघन देखने को मिल रहा है। वैसे तो जिन दागी अधिकारियों को सपा सरकार का संरक्षण मिला, उनकी लिस्ट बहुत लम्बी है फिर भी यादव सिंह, बासुदेव यादव तथा अनिल कुमार यादव का नाम इस लिस्ट में प्राथमिकता के आधार पर लिया जा सकता है।

समाजवादी पार्टी की एक जाति विशेष से बेपनाह मोहब्बत जग जाहिर है। जब इस जाति की बात आती है तो समाजवादी पार्टी राजनीतिक नफा-नुकसान की परवाह भी नहीं करती है जैसा कि 2014 के लोकसभा चुनाव में देखने को मिला। युवा मुख्यमन्त्री के नेतृत्व में 'युवा सोच युवा जोश' का नारा देने वाली सरकार ने युवाओं का बेड़ा गर्क करने के लिए 2 अप्रैल 2013 को डॉ. अनिल कुमार यादव को उत्तर प्रदेश लोक सेवा आयोग के अध्यक्ष के पद पर तैनात कर दिया। लोक सेवा आयोग के अध्यक्ष अनिल कुमार यादव की नियुक्ति महज दो दिन में पूरी की गयी। मैनपुरी के जिस

विद्यालय में अनिल कुमार यादव प्राचार्य थे, वहाँ के डी.एम. की रिपोर्ट पर नियुक्ति कर ली गयी। रिपोर्ट भी 31 मार्च रविवार को एक ही दिन में तैयार कर ली गयी। लेखपाल ने अनिल कुमार यादव के हलफनामे के आधार पर रिपोर्ट दी कि उनके खिलाफ कोई आपराधिक केस नहीं है जबकि उनके जन्म स्थान आगरा के एस. पी. की बाद में आयी रिपोर्ट में उन पर गुण्डा एक्ट, जानलेवा हमले जैसे अपराध का आरोपी होने का उल्लेख किया है।

अनिल कुमार यादव का बायोडाटा 29 मार्च 2013 को मुख्य सचिव और फिर मुख्यमन्त्री को भेजा गया। मुख्यमन्त्री ने नियुक्ति की संस्तुति राज्यपाल को भेज दी। इसके बाद 31 मार्च 2013 को मैनपुरी के डी.एम. से तुरन्त रिपोर्ट माँगी गयी। फाइल एस.डी.एम., तहसीलदार व लेखपाल तक गयी। डी.एम. ने इसी दिन अपनी रिपोर्ट सरकार को भेज दी। 2 अप्रेल 2013 को अनिल कुमार यादव की नियुक्ति की अधिसूचना जारी कर दी गयी। इस प्रकार समाजवादी पार्टी ने महज दो दिन में मनमानी प्रक्रिया अपनाकर अन्य नामों पर विचार किये बगैर यह नियुक्ति कर ली।

अनिल कुमार यादव के कार्यकाल में 238 परीक्षाओं के परिणाम आयोग ने जारी किये थे और अधिकांश विवादों में रहे। सबसे बुरी स्थिति प्रतियोगी परीक्षाओं की थी। पीसीएस, पीसीएसजे तथा लोअर सबार्डिनेट जैसी परीक्षाएँ जो कि प्रशासनिक मशीनरी के साथ ही न्यायिक पदों के लिए चयन करती हैं, सन्देह के दायरे में आ रही थीं।

इससे भी खराब स्थिति यह थी कि आयोग के विवादास्पद फैसलों ने युवाओं को दो फाड़ कर दिया था। अध्यक्ष के रूप में पद ग्रहण करने के दो माह के भीतर ही अनिल कुमार यादव ने प्रतियोगी परीक्षाओं में त्रिस्तरीय आरक्षण लागू करने का फैसला लिया। आयोग में मुख्य प्रतियोगी परीक्षाओं के तीन चरण होते हैं—प्रारम्भिक परीक्षा, मुख्य परीक्षा और साक्षात्कार। इस फैसले के अन्तर्गत अभ्यर्थियों को हर चरण में आरक्षण दिया जाना था। जबकि नियम यह है कि आरक्षण पदों के सापेक्ष दिया जायेगा।

सामान्य वर्ग के अभ्यर्थियों ने इसका विरोध किया तो आरक्षण वाले अभ्यर्थी आयोग के फैसले के समर्थन में उतर आये। विवाद तूल पकड़ने पर हाईकोर्ट पहुँचा और वहाँ अपना पक्ष मजबूत न देख आयोग ने यह फैसला वापस ले लिया। हालाँकि इसके लिए सरकार से भी दबाव पड़ा लेकिन इस फैसले से प्रतियोगी खुलकर दो गुटों में बँट गये।

इसके बाद भी आयोग की परीक्षाओं को लेकर उठ रही उँगलियाँ कम नहीं हुई। कार्यशैली भी विवादों में रही। पीसीएस-2011 की प्री परीक्षा का परिणाम इसलिए बदलना पड़ा क्योंकि उसे पहले त्रिस्तरीय आरक्षण के तहत घोषित किया गया था। इसी तरह पीसीएस जे-2013 का परिणाम गलत सवालों की वजह से बदलना पड़ा। कृषि अधीनस्थ सेवा वर्ग-3 की परीक्षा विज्ञापन में घोषित बैकवर्ड की सीटों की संख्या परिणाम जारी करते समय कई गुना बढ़ा दी गयी। इसी प्रकार सम्मिलित राज्य/प्रवर अधीनस्थ सेवा 2012 व 2013-14, उत्तर प्रदेश न्यायिक सेवा सिविल जज मुख्य परीक्षा 2013, खाद्य सुरक्षा अधिकारी परीक्षा 2014, राजस्व निरीक्षक परीक्षा 2014 तथा पीसीएसजे 2015 परीक्षाएँ अनेक विवादों में रहीं।

आयोग के इतिहास में पहली बार पी.सी.एस. का पेपर भी आउट हुआ। 29 मार्च 2015 में पेपर आउट हुआ था और एस.टी.एफ. ने कई लोगों को पकड़ा भी। आयोग को दुबारा परीक्षा करानी पड़ी। आयोग ने अपने स्तर से पेपर आउट होने की जाँच कराना भी जरूरी नहीं समझा। उल्टे सूचनाओं को छिपाना शुरू कर दिया। आयोग पर एक जाति विशेष का पक्ष लेने के निरन्तर आरोप लगाये जाते रहे। इन आरोपों का खुलासा न हो इसीलिए परीक्षाओं के परिणाम में अभ्यर्थियों का नाम सार्वजनिक करने पर रोक लगा दी गयी। कहा जाता है कि पी.सी.एस. की परीक्षा में एक जाति विशेष के 75 प्रतिशत से अधिक अभ्यर्थियों का चयन आयोग द्वारा एस.डी.एम. के पद पर किया गया। इस पर सोशल मीडिया में एक मैसेज वायरल हो गया जिसमें एक यादव दम्पत्ती के पुत्र

उत्पन्न होने पर डॉक्टर द्वारा यह कहा गया कि बधाई हो एस.डी. एम. साहब पैदा हुए हैं।

इलाहाबाद विश्वविद्यालय को प्रतियोगी परीक्षाओं के नजरिए से पूर्व का आक्सफोर्ड कहा जाता है। इस विश्वविद्यालय के छात्रों ने हर स्तर पर इन भर्ती परीक्षाओं और वहाँ लिए जा रहे फैसलों का विरोध शुरू किया। सरकार पर आरोप थे कि उसने अध्यक्ष और सदस्यों के चयन में अपने लोगों को रेवड़ियाँ बाँटी हैं। आयोग के विरुद्ध हाईकोर्ट में 43 याचिकाएँ दाखिल की गयीं। फिर शुरू हुआ युवाओं की एक लम्बी लड़ाई का सिलसिला जिसमें युवाओं को उस सरकार के नुमाइन्दे से अपने कैरियर के लिए लड़ना पड़ा, जो उन्हें ही नौकरियों के सब्जबाग दिखाकर सत्ता में आयी थी।

प्रतियोगी दावों की इस लड़ाई में कई प्रशासनिक अधिकारी भी उनके साथ आ गये। आई.ए.एस. एस.पी. सिंह ने युवाओं के प्रदर्शन में भाग लिया। उन्होंने कहा कि यू.पी. में पाँच लाख सरकारी पद खाली हैं। सरकार इन पर नियुक्तियाँ नहीं कर पा रही है। देश में पाँच करोड़ युवा बेराजगार हैं। अनिल कुमार यादव के कार्यकाल में हुई नियुक्तियों की सी.बी.आई. जाँच कराई जानी चाहिए। व्यापम से बड़ा घोटाला सामने आयेगा। पूर्व आई.ए.एस. बादल चटर्जी भी सक्रिय रूप से प्रतियोगी छात्रों के साथ रहे। उन्होंने युवाओं के आन्दोलन की अगुवाई भी की। आई.पी.एस. अमिताभ ठाकुर भी साथ आये। युवाओं का उत्साह और बढ़ गया जब पंजाब के पूर्व डी.जी.पी. जे.एम. रिवेरी ने आयोग की परीक्षाओं की सी.बी.आई. जाँच के लिए याचिका दाखिल की। उनके साथ बारह और प्रशासनिक अधिकारियों और शिक्षाविदों के याचिका पर हस्ताक्षर थे।

न्याय की इस लड़ाई में प्रतियोगियों पर दो साल में सत्रह बार पुलिस लाठीचार्ज हुआ। युवाओं ने यह लड़ाई अपना भविष्य दाँव पर लगाकर सरकार को आईना दिखाया, साथ ही अपने लिए उम्मीदों की राह खोली।

14 अक्टूबर 2015 को हाईकोर्ट के तत्कालीन मुख्य न्यायाधीश

डॉ. डी.वाई. चन्द्रचूड़ और न्यायमूर्ति यशवंत वर्मा की खण्डपीठ ने उ.प्र. लोकसेवा आयोग के अध्यक्ष अनिल कुमार यादव की नियुक्ति को अवैध करार दे दिया। अदालत ने सरकार की कार्यशैली पर भी सवाल खड़े किये। अनिल कुमार यादव पर सरकार के चहेते होने का ठप्पा लगा और तमाम विवादों और आलोचनाओं के बाद भी सरकार उन्हें हटाने पर विचार करने पर तैयार नहीं हुई थी। सरकार के अधिवक्ता स्तब्ध थे। सुप्रीम कोर्ट के जानेमाने अधिवक्ता पी.एस. पटवालिया भी उन्हें राहत नहीं दिला सके। हताशा से भरी युवाओं की इस लम्बी लड़ाई में उम्मीदों की जीत हुई। इलाहाबाद में फैसले के बाद हाईकोर्ट से लेकर विश्वविद्यालय तक चल रहे जश्न को देख लग रहा था जैसे दशहरा कुछ दिन पहले आ गया हो। होली, दिवाली साथ ही मनने लगी। कई लड़कों की आँखों से तो आँसू गिरने लगे। एक ने भरे गले से कहा कि "लगता है, अब हम भी कुछ बन जायेंगे।" प्रतियोगी छात्र संघर्ष समिति के सचिव अवनीश पाण्डेय ने कहा कि हाईकोर्ट के फैसले से हमारा हौसला बढ़ा है। आयोग को उसकी पुरानी प्रतिष्ठा पर ले जाना है जहाँ सबको समानता का अवसर मिले। सरकार को अब अपनी नीतियों की समीक्षा करनी चाहिए। युवाओं के भविष्य को दाँव पर लगाने वाली सरकार को लोकप्रिय नहीं कहा जा सकता।

प्रतियोगी अभी भी हार मानने को तैयार नहीं हैं। उनका कहना है कि अब हमारे कैरियर का नहीं आने वाली पीढ़ी का सवाल है। अनिल कुमार यादव के कार्यकाल में हुई नियुक्तियों की सी.बी. आई. जाँच हेतु याचिका दायर है जिस पर अभी सुनवाई होनी बाकी है।

समाजवादी मेहरबानियों की लिस्ट में अगला नाम आता है यादव सिंह का। यादव सिंह ने 1980 में नोएडा अथारिटी में जूनियर इंजीनियर के रूप में पोस्टिंग प्राप्त की थी। 2011 में इसे नोएडा का इंजीनियर इन चीफ बनाया गया। जून 2012 में 954 करोड़ रुपये में अंडर ग्राउंड केबल डालने के मामले में इसके खिलाफ केस दर्ज हुआ, निलम्बन हुआ, भगोड़ा घोषित कर दिया

गया, रेड-कार्नर नोटिस जारी हुआ। लेकिन अचानक अखिलेश सरकार ऐसी मेहरबान हुई कि सब वापस हो गया। 23 नवम्बर 2012 को यादव सिंह के खिलाफ सीबीसीआईडी को जाँच सौंप दी गयी। सीबीसीआईडी ने जब मामले में जाँच की तब जगमोहन यादव उसके मुखिया थे। बाद में जगमोहन यादव को प्रदेश का डीजीपी बनाया गया। यह चर्चा आम रही कि यादव सिंह को क्लीनचिट देना काम आया। जाँच भी कुल दो बिन्दुओं पर करने के आदेश दिये गये। यह बात और है कि जब जाँच शुरू हुई तो विभाग के अधिकारी इस बात पर चुप्पी साधे रहे थे कि किन बिन्दुओं पर जाँच हो रही है। बाद में खुलासा हुआ कि जाँच सड़क निर्माण और भूमिगत केबल डालने में हुई अनियमितता के आरोप में की गयी।

नियमानुसार जाँच सीबीसीआईडी के मेरठ सेक्टर से करायी जानी चाहिए थी, पर ऐसा नहीं किया गया। सपा सरकार के खासे नजदीकी रहे तत्कालीन एडीजी, सीबीसीआईडी जगमोहन यादव ने जाँच की जिम्मेदारी लखनऊ सेक्टर को दे दी। जानकार बताते हैं कि लखनऊ सेक्टर की टीम सिर्फ एक बार मौके पर गयी और सतही निरीक्षण कर वापस लौट आयी।

टीम ने जो रिपोर्ट लगाई उसमें कहा गया कि कुछ स्थानों पर सड़क निर्माण की जाँच की गयी तो उसकी गुणवत्ता सही पायी गयी। तफ्तीश से जुड़े अफसरों का कहना है कि सड़क निर्माण का भौतिक परीक्षण कर लिया गया। लेकिन भूमिगत केबल का परीक्षण करने के लिए सड़क खुदवानी पड़ जाती। इसलिए नोएडा अथारिटी द्वारा कराये कार्य में जो टेक्निकल कमेटी की रिपोर्ट थी, उसका अध्ययन किया गया। टेक्निकल कमेटी ने अपनी रिपोर्ट में भूमिगत केबल के कार्य पर सन्तोष जताया था। उसी आधार पर जाँच पूरी कर फाइनल रिपोर्ट लगा दी गयी। सीबीसीआईडी ने लीपापोती करते हुए जाँच समाप्त करने की संस्तुति अपनी आख्या अप्रैल 2014 में लगा दी थी।

यादव सिंह के खिलाफ कई जाँचें हुई। सरकार की किरकिरी

के बाद इन्हें निलम्बित भी किया गया पर हर बार सरकार खुद ही पैरवी में खड़ी हो गयी। 12 नवम्बर 2014 को सरकार ने यादव को ग्रेटर नोएडा और यमुना अथारिटी का इंजीनियर इन चीफ बना दिया। 27 नवम्बर 2014 को यादव सिंह के ठिकानों पर आयकर विभाग के छापों के बाद सरकार ने उसे तीनों प्राधिकरणों के मुख्य अभियन्ता पद से हटा दिया लेकिन अन्य किसी सुनवाई पर चुप्पी साधे रही। 27 नवम्बर 2014 को 20 ठिकानों पर मारे गये इन छापों में 11 करोड़ नगद, दो किलो हीरे, सोने व महँगे रत्नों के जेवरात मिले थे तथा यादव की पत्नी की 40 बोगस कम्पनियों का खुलासा हुआ था। इधर प्रदेश सरकार ने चुप्पी साधी उधर केन्द्रीय एजेन्सियों की सख्ती बढ़ गयी। बाद में मामले को सुप्रीम कोर्ट द्वारा काले धन पर गठित एसआईटी ने अपने हाथों में ले लिया। इसके बाद यादव सिंह के खिलाफ जाँच-पड़ताल में जुटी सभी एजेन्सियाँ एसआईटी की निगरानी में आ गयीं। जाँच की आँच चौतरफा नजर आने लगी। यादव सिंह के कारनामों के तमाम राज खुलने लगे। जानकारों का कहना है कि सपा के कार्यकाल में हुए प्लाटों के अलॉटमेंट में तरीके बदल कर आवंटन की शर्तों में बदलाव किया गया। खुलेआम चुनिंदा बिल्डरों को रियायत दी गयी। वहीं टेंडर देते समय नोएडा में दर्जन भर प्रोजेक्टों को नोएडा के बजाय बाहरी एजेन्सी से पूरा कराया गया। सभी में अपने चहेते ठेकेदारों से काम कराये। जानकारों का कहना है कि इस खेल की धुरी था यादव सिंह।

आज यादव सिंह पर यह भी आरोप है कि नोएडा में कई बिल्डरों को इंडस्ट्रियल, इंस्टिट्यूशनल, रेजीडेंशल, कमर्शियल, फार्महाउस, कारपोरेट ऑफिस सभी कैटेगरी में प्लाट अलाट हुए। उन्हें अलाटमेंट के साथ ढेरों छूट दी गयी। महज 10 फीसदी लेकर प्लाट पाने वाले बिल्डरों को आगे बड़े प्लाट्स को छोटे प्लाट में काट कर बेचने का अधिकार दिया गया। प्रदेश सरकार की चुप्पी पर सवाल उठने शुरू हुए तो मुख्यमन्त्री अखिलेश यादव ने केन्द्रीय एजेन्सियों की जाँच का इन्तजार करने का हवाला देकर कार्यवाही

न करने का बचाव किया। मगर सवाल बन्द नहीं हुए, तब माह दिसम्बर 2014 को यादव सिंह को निलम्बित कर दिया गया।

10 फरवरी 2015 को प्रदेश सरकार ने जाँच के लिए एक सदस्यीय कमीशन जस्टिस अमर नाथ वर्मा की अध्यक्षता में गठित कर दिया। यह सवाल उठना स्वाभाविक था कि यादव सिंह के खिलाफ सपा सरकार द्वारा आनन फानन में बनाया जाँच आयोग क्या सुप्रीम कोर्ट के आदेश पर बनी एसआईटी में जाने से रोकने की कोशिश थी, यह चर्चा उस समय नौकरशाही से लेकर सियासी हलकों में आम थी।

हालाँकि एक सदस्यीय आयोग बनाने का फैसला भी सरकार के काम नहीं आ सका। आयोग का कार्यकाल समाप्त हो जाने और कमीशन का कार्यकाल बढ़ाये जाने पर भी आयोग अपनी रिपोर्ट नहीं सौंप सका।

एक जनहित याचिका पर हाईकोर्ट ने अपने आदेश दिनांक 16 जुलाई 2015 द्वारा यादव सिंह के खिलाफ सीबीआई जाँच के आदेश दे दिये। इस तरह सरकार आयोग का गठन कर न तो सीबीआई जाँच से बच पायी और न आयोग के गठन के जरिए भ्रष्टाचार के खिलाफ स्टैंड लेने का सन्देश देने की उसकी मंशा सफल हो सकी।

अखिलेश सरकार ने हद तो तब कर दी जब यादव सिंह के खिलाफ सीबीआई से जाँच कराने के हाईकोर्ट आदेश को सरकार द्वारा सुप्रीम कोर्ट में चुनौती दी गयी। किसी प्रदेश सरकार ने भ्रष्टाचार के अत्यन्त गम्भीर मामले में लिप्त व्यक्ति के समर्थन में इतना बेशर्म आचरण दिखाया हो इसकी कोई दूसरी मिसाल मिलना कदाचित् सम्भव न हो। इससे स्पष्ट हो गया कि सपा सुप्रीमो के परिजनों के यादव सिंह के काले कारनामों में भागीदारी थी। इसी दौरान इण्डियन एक्सप्रेस ने खुलासा किया कि सपा महासचिव रामगोपाल यादव के सांसद बेटे अक्षय, यादव सिंह की कम्पनी के शेयर होल्डर हैं। ये शेयर 2014 में उन्होंने हासिल किये। सुप्रीम कोर्ट ने प्रदेश सरकार को फटकार लगाते हुए हाईकोर्ट के सीबीआई

से जाँच कराने के आदेश पर कोई आदेश पारित करने से इंकार कर दिया।

5 अगस्त 2015 को सीबीआई ने जाँच शुरू की और यादव सिंह के खिलाफ मुकदमे दर्ज किये और आखिरकार 3 फरवरी 2016 को यादव सिंह को गिरफ्तार किया।

समाजवादी पार्टी के चहेतों की सूची में अगला नाम बासुदेव यादव का आता है। 15 मार्च 2012 को जब अखिलेश यादव ने मुख्यमन्त्री पद की शपथ ली थी उस समय बासुदेव यादव अपर शिक्षा निदेशक पद पर कार्यरत था। उस समय उसके विरुद्ध 3 अनुशासनिक कार्यवाही गतिमान थीं। जिनमें वर्षों पहले तामील कराये गये आरोप पत्रों का कोई जवाब इन्होंने नहीं दिया था। इससे पहले लोकायुक्त महोदय ने वर्ष 2005 में इस अधिकारी द्वारा संयुक्त शिक्षा निदेशक वाराणसी पर तैनाती के समय जनता इंटर कालेज, जंगीपुर, गाजीपुर में बिना पद के फर्जी लोगों को 13,62,274 रु. का वेतन भुगतान करने का दोषी पाया था। लोकायुक्त महोदय ने इनके विरुद्ध कठोर कार्यवाही करने, गलत ढंग से भुगतान की गयी धनराशि की रिकवरी बासुदेव यादव से करने और लोकायुक्त की रिपोर्ट को दोनों सदन के पटल पर रखने के भी निर्देश दिये थे। इसके बाद इनकी तीन वर्ष की गोपनीय आख्याओं में इनको प्रतिकूल प्रविष्टि के साथ-साथ इनकी सत्यनिष्ठा भी संदिग्ध पायी गयी।

मार्च में सपा सरकार के गठन के बाद कुछ ही दिनों में बासुदेव यादव से रातोंरात जवाब प्राप्त कर जाँच अधिकारियों पर दबाव बना कर और रात-रात भर सचिवालय खुलवा कर इस अधिकारी के विरुद्ध प्रचलित सभी अनुशासनिक कार्यवाही को समाप्त कर दिया गया। जबकि इसके विरुद्ध अत्यन्त गम्भीर आरोप थे। लोकायुक्त की जाँच को ठंडे बस्ते में डालकर इन्हें दिनांक 28 मार्च 2012 को निदेशक, बेसिक शिक्षा और निदेशक माध्यमिक शिक्षा का प्रभार सौंप दिया गया। मात्र 13 दिन में सारी जाँचें खत्म कर और चरित्र पंजिकाओं में प्रतिकूल प्रविष्टियों और लोकायुक्त की संस्तुतियों

को अनदेखा कर इस अधिकारी की प्रोन्नति शिक्षा निदेशक के पद पर किया जाना उत्तर प्रदेश शासन के इतिहास में कदाचित् एक कीर्तिमान ही है।

बासुदेव यादव की छवि शिक्षा विभाग में कभी भी अच्छी नहीं रही है। इन्हें पूर्व में निलम्बित भी किया गया था। इनकी चरित्र पत्रिकाओं में इन्हें अनेक बार प्रतिकूल प्रविष्टियाँ दी गयीं। वर्ष 2005 में जब प्रदेश में समाजवादी पार्टी की सरकार थी, इन्हें सभी नियमों को दरकिनार करते हुए अपर शिक्षा निदेशक के पद पर प्रोन्नति दी गयी। उत्तर प्रदेश सरकारी सेवक (प्रतिकूल वार्षिक गोपनीय रिपोर्टों के विरुद्ध प्रत्यावेदन और सहबद्ध मामलों का निपटारा) नियमावली 1995 के प्रावधानों का खुल्लम-खुल्ला उल्लंघन करते हुए 5-5 वर्ष बाद प्रतिकूल गतिविधियों के प्रकरणों पर शासन ने विचार कर उन्हें पूजित किया।

28 मार्च 2012 को शिक्षा निदेशक, बेसिक तथा शिक्षा निदेशक, माध्यमिक का कार्यभार ग्रहण करने के बाद 2 वर्ष तक (मार्च 2014 में सेवानिवृत्त होने तक) शायद ही कभी बासुदेव यादव जन प्रतिनिधियों या सामान्य जन से मिले हों क्योंकि वह कार्यालय में बैठते ही नहीं थे। कहा तो यहाँ तक जाता है कि एक-दो वरिष्ठ मन्त्रियों को छोड़कर वह किसी मन्त्री का फोन भी नहीं रिसीव करते थे। इसकी शिकायत सत्ताधारी पार्टी के विधायकों ने मुख्यमन्त्री से की पर इस पर कोई कार्यवाही नहीं हुई। कहीं कोई सुनवाई नहीं थी और पूरे प्रदेश का बेसिक तथा माध्यमिक शिक्षा से जुड़ा व्यक्ति परेशान हो उठा। कहते हैं कि 2014 के लोकसभा के चुनाव में सत्ताधारी समाजवादी पार्टी के खराब प्रदर्शन का यह भी एक कारण रहा।

वर्ष 2014 में बासुदेव यादव के विरुद्ध एक जनहित याचिका सं. 4440/2014 अविनाश राय बनाम स्टेट ऑफ यू.पी. व अन्य हाईकोर्ट इलाहाबाद में योचित की गयी। जिसमें बासुदेव यादव के विरुद्ध भ्रष्टाचार के अत्यन्त गम्भीर आरोप लगाये गये। इसमें इनके विरुद्ध पत्नी व बच्चों के नाम से करोड़ों रुपये की लागत

से अनेक शिक्षण संस्थाएँ खोलने तथा करोड़ों रुपये की सम्पत्ति परिवार के सदस्यों के नाम क्रय करने का उल्लेख किया गया। इस आरोप के समर्थन में करोड़ों रुपयों में क्रय की गयी भूमि की रजिस्ट्री के अभिलेखों की फोटो प्रतियाँ याचिका के साथ संलग्न की गयी जिनका विवरण निम्नवत है :

क्र.सं.	दिनांक	रजिस्ट्री क्रमांक	क्रेता का नाम	स्टाम्प मूल्य	सम्पत्ति का बाजार मूल्य
1.	24.12.2009	5559	उर्मिला यादव पत्नी–बासुदेव यादव	55500	924000
2.	16.03.2013	1590	निधि यादव पुत्री–बासुदेव यादव	145000	2070000
3.	20.03.2013	1696	निधि यादव पुत्री–बासुदेव यादव	38500	550000
4.	20.03.2013	1705	उर्मिला यादव पुत्री–स्व. राजाराम (पत्नी–बासुदेव यादव)	103700	1624000
5.	18.05.2013	3090	उर्मिला यादव पुत्री–स्व. राजाराम (पत्नी–बासुदेव यादव)	163810	2483000
6.	18.05.2013	3093	उर्मिला यादव पुत्री-स्व. राजाराम (पत्नी–बासुदेव यादव)	175600	2651000
7.	18.05.2013	4332	रमेश चन्द्र पुत्र–श्री राजाराम (साला)	179550	2565000
8.	21.05.2013	3149	उर्मिला यादव पुत्री–स्व. राजाराम (पत्नी–बासुदेव यादव)	145610	2223000
9.	21.05.2013	4334	श्रीमती निधि पत्नी–श्री प्रभात (पुत्री–बासुदेव यादव)	145610	2223000

10.	21.05.2013	4335	रमेश चन्द्र पुत्र–श्री राजाराम (साला)	203700	2910000
11.	28.05.2013	3255	उर्मिला यादव पुत्री–स्व. राजाराम (पत्नी–बासुदेव यादव)	179300	2704000
12.	28.05.2013	4339	श्रीमती निधि पत्नी–श्री प्रभात (पुत्री–बासुदेव यादव)	191120	2873000
13.	13.11.2013	7197	उर्मिला यादव पुत्री–स्व. राजाराम (पत्नी–बासुदेव यादव)	92900	1470000
14.	13.11.2013	7198	उर्मिला यादव पुत्री–स्व. राजाराम (पत्नी–बासुदेव यादव)	101510	1593000
15.	20.11.2013	7377	उर्मिला यादव पुत्री–स्व. राजाराम (पत्नी–बासुदेव यादव)	75600	1080000
	कुल				**28620000**

कुल बाजार मूल्य रु. 2 करोड़ 86 लाख 20 हजार

बासुदेव यादव के विरुद्ध की गयी शिकायत में यह भी उल्लेख किया कि यह सम्पत्ति का विवरण इलाहाबाद जिले की मात्र फूलपुर तहसील का है। इसके द्वारा इसमें अधिक मूल्य की सम्पत्ति सोरांव, हडिया तथा सदर तहसील में भी क्रय की गयी है। दिल्ली, नोएडा, गाजियाबाद, लखनऊ, कानपुर, इलाहाबाद, पूना, नागपुर, चंडीगढ़, अहमदाबाद में भी हजारों करोड़ की बेनामी सम्पत्ति क्रय करने की शिकायत की गयी है। उल्लेखनीय है कि उपरलिखित अधिकांश सम्पत्तियाँ इसने अपने शिक्षा निदेशक के कार्यकाल के दौरान क्रय कीं।

हाईकोर्ट में योजित यह जनहित याचिका सुनवाई हेतु दिनांक 23.01.2014 को प्रस्तुत हुई। सुनवाई के समय अपर महाधिवक्ता

के साथ-साथ आयकर विभाग तथा सी.बी.आई. के अधिवक्ता उपस्थित हुए। हाईकोर्ट ने अपने आदेश दिनांक 23.01.2014 में जनहित याचिका में उल्लिखित तथ्यों का संज्ञान लेते हुए आयकर विभाग के अधिकारियों को बासुदेव यादव व उनके परिवार तथा इनके द्वारा संचालित संस्थाओं के आयकर रिटर्न्स की जाँच कर अपना उत्तर न्यायालय के समक्ष रखने का निर्देश दिया। उच्च न्यायालय ने यह माना कि याचिका के साथ उपलब्ध कराये गये अभिलेख यह दर्शाते हैं कि पूरे शिक्षा विभाग को एक व्यक्ति (बासुदेव यादव) ने अपने कब्जे में कर रखा है। उच्च न्यायालय ने राज्य सरकार को यह भी निर्देश दिये कि बासुदेव यादव के सेवा विस्तार पर विचार करते समय याचिका में उपलब्ध कराये गये अभिलेख और आरोपों को संज्ञान में लिया जाये।

बासुदेव यादव की सेवानिवृत्ति 31 मार्च 2014 को थी। राजनीतिक दबाव में राज्य सरकार ने यादव को 2 वर्ष का सेवा विस्तार देने का मन बना लिया था। उच्च न्यायालय की उक्त टिप्पणी के कारण प्रमुख सचिव माध्यमिक शिक्षा जितेन्द्र कुमार ने सेवा विस्तार का विरोध किया और बासुदेव यादव को अन्ततः 31 मार्च 2014 को सेवानिवृत्त होना पड़ा। बासुदेव यादव के राजनीतिक आकाओं को यह बात बहुत नागवार गुजरी और उन्होंने जितेन्द्र कुमार को निलम्बित करा दिया। एक प्रमुख सचिव स्तर के आई. ए.एस. अफसर का यह निलम्बन पूरी नौकरशाही के लिए कदाचित् यह सन्देश था कि समाजवादी पार्टी के राजनेताओं की इच्छाओं के विरुद्ध कार्य करने पर उनका हश्र क्या होगा।

आज बासुदेव यादव समाजवादी पार्टी के विधान परिषद् में सदस्य हैं। सूत्र बताते हैं कि निर्वाचन के समय इन्होंने अपनी आय का जो ब्योरा निर्वाचन अधिकारी को दिया था उसमें अपनी अकूत सम्पत्ति के बहुत बड़े हिस्से को छिपाया है।

सर्वोच्च न्यायालय की एक बेंच ने जब 16 दिसम्बर 2015 को जस्टिस वीरेन्द्र सिंह की उत्तर प्रदेश के लोकायुक्त के रूप में नियुक्ति की थी, उसके तुरन्त बाद ही स्पष्ट हो गया था कि उनकी

नियुक्ति रद्द भी की जा सकती है क्योंकि उनका नाम आते ही उनसे जुड़े विवाद भी सामने आ गये। यही कारण है कि नियुक्ति के बावजूद सर्वोच्च अदालत ने ही उनके शपथ ग्रहण पर रोक लगा दी थी। उनकी नियुक्ति को रद्द करने और विशेषाधिकार (संविधान के अनुच्छेद-142) का प्रयोग करते हुए जस्टिस संजय मिश्रा को उत्तर प्रदेश का नया लोकायुक्त नियुक्त करने तक का पूरा घटनाक्रम दर्शाता है कि राज्य की अखिलेश सरकार ने अदालती आदेशों को कैसे हल्के लिया है। सर्वोच्च अदालत ने यह टिप्पणी भी की कि "हम इस बात को लेकर घोर चिन्तित हैं कि संवैधानिक या वैधानिक पदों पर बैठे व्यक्तियों ने लोकायुक्त पद के लिए किसी नाम पर सहमति नहीं जताई। यह दुर्भाग्यपूर्ण है कि लम्बी और कई दौर की बैठकों के बाद भी इनके बीच लोकयुक्त नियुक्त करने जैसे सरल मसले पर मतभेद था।" इस विषय पर टिप्पणी करते हुए हाईकोर्ट के सेवानिवृत्त न्यायाधीश और उत्तराखण्ड के पूर्व लोकायुक्त जस्टिस हैदर अब्बास खाँ ने यह कहा कि इस पूरे घटनाक्रम से स्पष्ट है कि उत्तर प्रदेश सरकार की मंशा यह थी कि सरकार का भ्रष्टाचार लोकायुक्त न देख पाये।

यह विडम्बना है कि 20 महीने से भी अधिक समय से लोकायुक्त जैसे अहम पद पर नियुक्ति राजनीतिक कारणों से अटकी रही थी और उससे भी दुखद यह है कि इसके लिए सर्वोच्च अदालत को आगे आना पड़ा है। लोकायुक्त की नियुक्ति को लेकर गुजरात सहित कुछ राज्यों में भी विवाद रहे हैं, लेकिन उत्तर प्रदेश का मामला सबसे गम्भीर कहा जा सकता है, जिसमें सर्वोच्च न्यायालय तक को गुमराह किया गया। पहले तो लोकायुक्त पद के लिए किसी नाम पर सहमति नहीं बनी, और जब सर्वोच्च अदालत ने नाम माँगे तो उनमें ऐसे नाम शामिल किये गये जिन पर इलाहाबाद के मुख्य न्यायाधीश आपत्ति जता चुके थे। इससे सरकार की मंशा पर सवाल उठने स्वाभाविक हैं। यदि राजनीतिक आधार पर लोकायुक्त जैसे पदों पर नियुक्ति होगी, तो समझा जा सकता है कि इस प्रकार नियुक्त लोकायुक्त उच्च स्तर के भ्रष्टाचार

के खिलाफ किस तरह कार्यवाही कर सकेगा। संवैधानिक संस्थाएँ और ऐसे पदों पर बैठे व्यक्ति जब तक एक दूसरे का सम्मान नहीं करेंगे तब तक ऐसे टकराव भी होते ही रहेंगे। इस सबके बावजूद लोकायुक्त की समय पर नियुक्ति की प्राथमिक जिम्मेदारी राज्य सरकार की ही बनती है लिहाजा इस प्रकरण में उसकी साख को ही सबसे अधिक धक्का लगा है।

समाजवादी पार्टी की कुछ और मेहरबानियाँ भी यहाँ प्रस्तुत की जा रही हैं। वर्ष 2006 में तत्कालीन मुलायम सिंह यादव सरकार के कार्यकाल में एक बड़े औद्योगिक घराने जेपी समूह की कम्पनी जे.ए.एल. के पक्ष में 2500 एकड़ वनभूमि का आवंटन 90 वर्ष की लीज पर नियम कानूनों को ताक पर रखकर कौड़ियों के भाव में कर दिया गया था। जिस जमीन पर मूल अधिकार इलाकाई आदिवासियों-जंगलवासियों का था, उन्हें जेपी समूह के गुण्डों ने स्थानीय पुलिस के बल पर खदेड़ दिया। कागजों पर तो पूरा खेल समाजवादी पार्टी की सरकार के समय में ही हो चुका था, बस जमीन को हस्तान्तरित करने की प्रक्रिया शेष थी जिसे 2007 में बसपा सरकार द्वारा पूरा कर दिया गया।

उक्त भूमि सोनभद्र स्थित यू.पी. सीमेण्ट कारपोरेशन के दिवालिया होने पर जेपी समूह को बेचते समय दी गयी थी। कहा तो यहाँ तक जाता है कि मुलायम सरकार ने जेपी समूह को लाभ पहुँचाने की गरज से सीमेण्ट कारपोरेशन को घाटे में ला दिया था जबकि कारपोरेशन की स्थिति कुछ समय पहले तक ठीक-ठाक थी। कहा जाता है कि यदि तत्कालीन मुख्यमन्त्री मुलायम सिंह यादव चाहते तो सीमेण्ट कारपोरेशन की माली हालत को सुधार सकते थे जिससे वहाँ काम करने वाले बेरोजगार न होते। तत्कालीन सपा सरकार ने ऐसा न करके वन विभाग की उक्त भूमि को गलत ढंग से जेपी समूह को दे दिया।

नियमानुसार उस जमीन पर सीमेन्ट फैक्ट्री के अतिरिक्त कुछ और काम नहीं होना था। लेकिन जेपी समूह उक्त जमीन पर अवैध ढंग से चूना और पत्थर का खनन करता रहा। इस बारे में सीएजी

की भूमिका को नजरअन्दाज नहीं किया जा सकता। प्रथम बार सीएजी द्वारा सूचित किये जाने पर स्वयं सीएजी और केन्द्र सरकार ने गलत ढंग से जमीन दिये जाने का हवाला देते हुए इस पर आपत्ति उठाई थी। सीएजी ने अपनी रिपोर्ट में कहा था कि अवैध तरीके से उक्त जमीन देकर सरकारी खजाने को 450 करोड़ रुपये का चूना लगाया गया है। इतना ही नहीं इसकी वजह से ही सम्बन्धित वन प्रभाग की दस वर्षीय कार्य योजना को भी मंजूरी देने से इंकार कर दिया गया था। जब मामला सुप्रीम कोर्ट में पहुँचा तो प्रदेश सरकार ने जमीन गलती से देने की बात स्वीकार की, जबकि सोनभद्र के आदिवासी और जंगलीवासी जेपी समूह को जमीन हस्तान्तरित न किये जाने को लेकर लगातार आन्दोलन करते आ रहे थे। सरकार की स्वीकारोक्ति पर जब सुप्रीम कोर्ट ने यह पूछा कि सरकार उक्त जमीन वापस लेने के लिए क्या कार्यवाही कर रही है तो सरकार ने आनन फानन में जमीन वापस लेने का निर्णय ले लिया। बाकायदा सरकारी फैसले की कॉपी सुप्रीम कोर्ट को भेजी जा चुकी है।

जेपी समूह और सरकार के बीच घालमेल से किये गये घोटाले की पुष्टि भी हो चुकी है। रिपोर्ट में कहा गया है कि पिछले करीब 8 सालों से 2500 एकड़ से ज्यादा संरचित वनभूमि पर अवैध खनन और गैर-वानिकी गतिविधियाँ संचालित की जा रही हैं। इसकी पुष्टि विन्ध्यांचल मंडलायुक्त और केन्द्रीय पर्यावरण एवं वन मन्त्रालय की जाँच रिपोर्ट में की गयी है। हैरत की बात है कि अखिलेश सरकार के अधीन विभाग के अधिकारी जाँच रिपोर्ट सरकार को सौंपते हैं और जेपी समूह लगातार पिछले 4 सालों से खनन करता रहा। अखिलेश सरकार ने इस मामले में कोई तत्परता क्यों नहीं दिखायी? इतना ही नहीं अखिलेश सरकार के कार्यकाल में जाँच रिपोर्ट पर भी कोई कार्यवाही नहीं की गयी। गौरतलब है कि यह कार्यवाही जब की जा रही है जब जेपी समूह ने डाला सीमेण्ट फैक्ट्री, जिसके अधीन विवादित करीब 2500 एकड़ वनभूमि वाले खनन पट्‌टे आते हैं, को आदित्य बिड़ला समूह की अल्ट्राटेक सीमेण्ट फैक्ट्री को बेच दिया था। अखिलेश सरकार पूरे मामले की जाँच के लिए जाँच

कमेटी गठित करने की बात कर रही है, कहीं जाँच की आड़ में वह एक तरफ जेपी समूह को अधिग्रहण पूरा होने तक फायदा पहुँचाना चाहती है तो दूसरी ओर बिड़ला ग्रुप से उ.प्र. में अपना सियासी गठजोड़ साधना चाहती है।

देश में समाजवादी पार्टी का सबसे बड़ा पारिवारिक कुनबा है। पार्टी के राष्ट्रीय अध्यक्ष मुलायम सिंह यादव खुद तीन बार प्रदेश के मुख्यमन्त्री और केन्द्र सरकार में रक्षामन्त्री रह चुके हैं। वे विधान मण्डल के दोनों सदनों में नेता विरोधी दल रहे हैं और छठवीं बार सांसद हैं। सपा मुखिया के छोटे भाई शिवपाल सिंह यादव प्रदेश सरकार में वरिष्ठ मन्त्री रहे हैं और सम्प्रति सपा के प्रदेश अध्यक्ष हैं। सपा प्रमुख के बेटे अखिलेश यादव सूबे के मुख्यमन्त्री हैं। यादव परिवार के मुलायम सहित 6 सदस्य सांसद हैं। शिवपाल के बेटे आदित्य यादव उर्फ अंकुर पी.सी.एफ. के चेयरमैन हैं। अंकुर की माँ और शिवपाल की पत्नी सरला यादव जिला सहकारी बैंक इटावा की निदेशक हैं।

मुलायम सिंह लोकसभा के 2014 के चुनाव में मैनुपरी और आजमगढ़ से सांसद चुने गये थे। उनके द्वारा मैनपुरी से इस्तीफा देने पर उनके पौत्र तेज प्रताप सिंह यादव सांसद चुने गये। तेज प्रताप सपा मुखिया के भतीजे रणवीर यादव के बेटे हैं और उसकी शादी बिहार के पूर्व मुख्यमन्त्री की बेटी राजलक्ष्मी के साथ हुई है। सपा अध्यक्ष की पुत्रवधू और मुख्यमन्त्री की पत्नी कन्नौज से सांसद हैं। सपा मुखिया के बड़े भाई अभय राम के बेटे धर्मेन्द्र यादव बदायूँ से सांसद हैं। मुलायम के चचेरे भाई रामगोपाल यादव राज्यसभा सदस्य हैं। रामगोपाल यादव के बेटे अक्षय यादव के भतीजे अरविन्द यादव स्थानीय प्राधिकारी क्षेत्र से एम.एल.सी. चुने गये हैं।

मुलायम के छोटे भाई राजपाल सिंह के बेटे अभिषेक यादव उर्फ अंशुल जिला पंचायत इटावा के अध्यक्ष हैं। सपा मुखिया की भतीजी और धर्मेन्द्र यादव की बहन सन्ध्या जिला पंचायत मैनुपरी की अध्यक्ष है। परिवार की एक अन्य सदस्य वन्दना यादव जिला पंचायत हमीरपुर की अध्यक्ष है।

सांसद तेज प्रताप की माँ मृदुला यादव सैफई की ब्लाक प्रमुख है। मुलायम के बहनोई अजंट सिंह यादव भी ब्लाक प्रमुख हैं। मुलायम के भाई राजपाल यादव की पत्नी प्रेमलता यादव जिला पंचायत सदस्य हैं। रामगोपाल यादव के भतीजे बिल्लू यादव और उसकी पत्नी भी जिला पंचायत सदस्य हैं।

अब जब मुलायम सिंह की छोटी बहू अपर्णा यादव को लखनऊ कैण्ट सीट से प्रत्याशी घोषित किया गया है तो मुलायम परिवार की 21वीं सदस्य की राजनीति की मुख्य धारा में प्रवेश हो गया है।

आज राजनीति खानदानी पेशा बना दी गयी है। आज हर राजनेता नेहरू वंश की तर्ज पर अपने बीवी-बच्चों, भाई-भतीजे को ही नहीं साले-सालियों तक को राजनीति में प्रमोट करने में लगा है, तो भला मुलायम सिंह यादव क्यों पीछे रहते। वे सिद्ध करना चाहते हैं कि राजनीति की समझ, चतुरता और जनसेवा का अधिकार उन्हीं के खानदान और वंशजों की बपौती है।

समाजवादी मेहरबानियों का एक किस्सा हाल ही में संज्ञान में आया। मुलायम परिवार की सोसाइटी वाले चौधरी चरण सिंह डिग्री कालेज को वर्ष 2003 में राजकोष से 100 करोड़ रुपये दिये गये। उस समय मुलायम सिंह यादव प्रदेश के मुख्यमन्त्री थे। यह डिग्री कालेज जिस सोसाइटी के नाम से चलाया जा रहा है उसमें सोसाइटी के सदस्य के रूप में मुलायम एवं उनके परिवार के अन्य सदस्य हैं। जब यह मामला सुप्रीम कोर्ट में उठाया गया तो चीफ जस्टिस टी.एस. ठाकुर की अध्यक्षता वाली तीन सदस्यीय पीठ ने फटकार लगाते हुए यह पूछा कि इस कालेज को ही 100 करोड़ रुपये सरकारी फण्ड से क्यों जारी किये गये। पीठ ने यह भी पूछा कि इस सोसाइटी के कौन-कौन सदस्य हैं। गौरतलब है कि इस डिग्री कालेज का संचालन एक सोसाइटी करती है और सोसाइटी के प्रमुख शिवपाल यादव हैं। सोसाइटी में मुलायम सिंह यादव, मुख्यमन्त्री अखिलेश यादव सहित परिवार के अन्य लोग भी हैं। बाद में सुप्रीम कोर्ट ने प्रदेश सरकार से इटावा स्थित चौधरी चरण सिंह डिग्री कालेज का प्रबन्धन और नियन्त्रण अपने हाथों में लेने

का निर्देश दिया। शीर्ष अदालत ने सवाल उठाया है कि सरकारी पैसे से चलने वाले कालेज को निजी हाथों में कैसे सौंपा जा सकता है।

प्रदेश की समाजवादी सरकार ने वर्ष 2016 में मनमाने ढंग से बिना मापदंड निर्धारित किये एवं मनचाहे व्यक्तियों को यश भारती पुरस्कार बाँटे। इसमें प्रदेश के पूर्व मुख्य सचिव की पत्नी कार्यक्रम का संचालन कर रही अर्चना सतीश को भी आखिरी मिनट पर इस पुरस्कार से नवाजा गया। मामला हाईकोर्ट पहुँचने पर कोर्ट ने टिप्पणी की कि यह अजीब लगता है कि पुरस्कार देने के लिए लोगों से अर्जियाँ माँगी गयीं कि उन्होंने क्या विशेष कार्य किया। जबकि सरकार को योग्य व्यक्तियों को खुद ढूँढ़कर उन्हें पुरस्कृत करना चाहिए था। कोर्ट ने कहा कि ऐसा लगता है कि मनपसन्द लोगों को उपकृत किया गया। कोर्ट ने सरकार से यह पूछा है कि इस पुरस्कार के लिए निर्धारित अर्हता व चयन प्रक्रिया क्या है और यह पुरस्कार किस मद से दिये जा रहे हैं। कोर्ट ने यह भी जिज्ञासा की है कि इस तरह के पुरस्कार या उपाधि क्या संवैधानिक व्यवस्था के अनुरूप है। यश भारती पुरस्कार प्राप्त करने वाले व्यक्ति को रु. 11 लाख नगद तथा मासिक पेंशन देने की व्यवस्था है।

समाजवादी सरकार ने अपने मनपसन्द व्यक्तियों को उपकृत करने के लिए तरह-तरह के हथकंडे अपनाये हैं, जिनमें राज्यमन्त्री का दर्जा देने, निगमों के अध्यक्ष बनाने और विभिन्न क्षेत्रों में कथित रूप से उल्लेखनीय कार्य करने वालों को बेहिसाब नगद पारितोषिक पुरस्कार वितरित किया जाना है। सरकार की यह कार्यवाही पुराने जमाने के राजा-महाराजाओं की याद दिलाती है, जब वे खुश होकर जागीरें व गाँव बाँटा करते हैं। अन्तर मात्र इतना है कि राजा-महाराजा जो जागीर आदि देते थे वह उनकी निजी सम्पत्ति होती थी जबकि समाजवादी पार्टी की सरकार द्वारा जो भी नगद पुरस्कार और पद बाँटे गये हैं तथा उनके आयोजन पर होने वाले समारोह का सम्पूर्ण व्ययभार जनता की गाढ़ी कमाई पर पड़ा है।

वर्ष 2012 में समाजवादी पार्टी की सरकार प्रदेश के लाखों बेरोजगारों को नौकरी के सब्जबाग दिखाकर सत्ता में आयी थी।

बेरोजगार युवाओं को, जो भी संस्थाएँ युवाओं का नौकरियों के लिए चयन कर सकती थीं लगभग उन सभी में अध्यक्ष एवं सदस्यों के चयन में बिना प्रक्रिया अपनाये, बिना मापदण्ड निर्धारित किये अपने चहेते व्यक्तियों को बैठा दिया। यह व्यक्ति योग्य अभ्यर्थियों का चयन करने के लिए अर्ह भी नहीं थे। माध्यमिक सेवा शिक्षा चयन बोर्ड तथा उच्चतर शिक्षा आयोग के अध्यक्षों और सदस्यों की नियुक्ति को लेकर हाईकोर्ट में अनेक याचिकाएँ योजित की गयीं। पहले 5 जुलाई 2013 को माध्यमिक शिक्षा सेवा चयन बोर्ड के सदस्यों को हाईकोर्ट ने काम करने पर रोक लगा दी। 7 सितम्बर 2013 को उच्चतर शिक्षा सेवा आयोग के तीन सदस्य रामवीर सिंह यादव, रूदल यादव और ए.के. सिंह की नियुक्ति हाईकोर्ट ने रद्द कर दी। 22 सितम्बर 2013 को उच्चतर शिक्षा सेवा आयोग के अध्यक्ष लाल बिहारी पाण्डेय को हटा दिया गया। 5 अक्टूबर 2013 को माध्यमिक शिक्षा सेवा चयन बोर्ड के अध्यक्ष अनिल कुमार को हटाने के आदेश हाईकोर्ट द्वारा दिये गये।

यह प्रदेश का दुर्भाग्य है कि शिक्षकों का चयन करने वाली यह दोनों संस्थाएँ इन विवादों के कारण पिछले चार वर्षों में एक भी व्यक्ति को रोजगार नहीं दिला सकीं। दूसरी ओर प्रदेश के माध्यमिक विद्यालयों तथा डिग्री कालेजों में शिक्षकों की भारी कमी के कारण शिक्षण कार्य गम्भीर रूप से प्रभावित हुआ।

अमर सिंह को समाजवादी पार्टी ने राज्यसभा का टिकट देकर यह स्पष्ट कर दिया कि लँगोटिया पहलवान और लँगोटिया यारों के बीच बनी पुरानी जुगलबन्दी कई नये गुल खिलायेगी। धरतीपुत्र के फैसले से कई अपनों के पैरों तले से धरती खिसकती नजर आ रही है। आजम खाँ, रामगोपाल यादव और स्वयं मुख्यमन्त्री अखिलेश यादव को समाजवादी पार्टी के सुप्रीमो का यह फैसला कड़वी दवाई समझकर पीना पड़ रहा है।

आजम खाँ ने 2 फरवरी 2016 को कानपुर में कहा था कि अमर सिंह दगे कारतूस हैं और उनकी सपा में वापसी की कोई सम्भावना नहीं है। अमर सिंह जैसे लोग बी.एम.डब्लू. में सफर करते

हैं, वे दावे के साथ नहीं कह सकते हैं कि उनकी पत्नी किसे वोट देंगी। इस तरह 22 नवम्बर 2015 को सैफई में मुलायम सिंह के जन्म दिन समारोह में आजम खाँ ने कहा था तूफान आता है तो बहुत सारा कूड़ा-कचरा आ जाता है, अमर सिंह के सवाल पर मैं इससे ज्यादा कुछ नहीं कहूँगा। अमर सिंह को राज्यसभा प्रत्याशी बनाये जाने को उन्होंने अत्यन्त दुखद घटना बताया था और कहा था कि मुझे इस नाम पर एतराज है, मगर पार्टी आपकी है।

वहीं दूसरी ओर अमर सिंह ने फरवरी 2010 में समाजवादी पार्टी से निकाले जाने के बाद पार्टी नेतृत्व को जमकर कोसा था। उन्होंने सपा अध्यक्ष को झूठा, जोकर, व धृतराष्ट्र कहने के साथ ऐलान किया था कि वह जहर खा लेंगे किन्तु मुलायम की सूरत नहीं देखेंगे। 21 मार्च 2010 को अमर सिंह ने अपने ब्लाग में कहा था कि मुलायम सिंह या तो लोहियावादी नहीं हैं या फिर अपने स्वार्थी मुलायमवाद का सफेद झूठ लोहिया जी पर मढ़ना चाहते हैं। ऐसा लगता है कि सारी नेतृत्व क्षमता, गुणवत्ता सिर्फ एक ही परिवार में है। मेरी गलती थी कि मैंने 14 साल से हो रही इस धाँधली को नहीं देखा। इसी प्रकार 11 मई 2010 को अमर सिंह ने कहा था कि मैं मुलायम सिंह का दर्जी और कूड़ेदान रहा हूँ। उनकी गलत-सलत नीतियों को नैतिकता का कपड़ा सिलकर सँवारने का मैं 14 साल का अपराधी हूँ। 23 अक्टूबर 2010 को अमर सिंह ने लखनऊ में कहा था कि मुलायम सिंह यादव ने लोहिया के सिद्धान्तों की बलि चढ़ा दी है। लोहिया ने कभी भाई-भतीजावाद को बढ़ावा नहीं दिया। मुलायम इसी को बढ़ावा दे रहे हैं। समाजवादी पार्टी में सिर्फ दो अपवाद थे। एक जनेश्वर मिश्र और दूसरे अमर सिंह। एक को रामजी खा गये तो दूसरे को रामगोपाल।

भदोई में अमर सिंह ने 5 दिसम्बर 2010 को कहा था कि मैं बोल दूँगा तो मुलायम सिंह मुश्किल में पड़ जायेंगे। मेरा मुँह खुला तो सपा के कई नेता जेल पहुँच जायेंगे और मुलायम सिंह को जेल की चक्की पीसनी पड़ेगी। इसी प्रकार 15 जनवरी 2011 को अमर सिंह ने आगरा में कहा था कि मुलायम सिंह की सूरत देखने से

पहले मैं पोटेशियम साइनाइड खाकर जान दे दूँगा। मैंने दलाली करके मुलायम की सरकार बनवायी, फिर भी उन्होंने अपने लोगों से मुझे बेशर्म कहलवाया। इन्होंने एक समाचार-पत्र से बातचीत में 27 जनवरी 2016 को यह तक कह दिया था कि मुझे अर्थी मंजूर है, सपा में टिकटार्थी बनना मंजूर नहीं है।

राजनीति और क्रिकेट में कुछ भी असम्भव नहीं है। अमर सिंह ने बशीर बद्र साहब का यह शे'र अवश्य सुना होगा :

"दुश्मनी जम कर करो, लेकिन यह गुंजाइश रहे,
जब कभी हम दोस्त हो जायें शर्मिन्दा न हों"

कदाचित् राजनेताओं के शब्दकोश में 'संकोच' शब्द ही नहीं होता है। किसी ने ठीक ही कहा है कि आपका बेशर्म आचरण ही विरोधियों के हौसले पस्त करने के लिए पर्याप्त है। इससे आप नयी ऊर्जा प्राप्त करेंगे और पुनः लहलहा उठेंगे।

युवा सोच : युवा जोश

उत्तर प्रदेश की युवा पीढ़ी की वर्तमान दशा और दिशा के बारे में सोचने पर प्रधानमन्त्री के हाल में दिये गये एक बयान का सहज ही स्मरण आ जाता है। जिसमें उन्होंने कहा था : "21वीं सदी हिन्दुस्तान की सदी है क्योंकि यह दुनिया का सबसे नौजवान देश है। 65 फीसदी आबादी 35 वर्ष से ऊपर की है। देश जवान है, सपने जवान हैं और संकल्प भी जवान है। देश के लिए मर-मिटने वाले भी जवान हैं।"

अनुमान है कि वर्ष 2027 तक जापान की औसत उम्र 47 होगी, चीन में 40 वर्ष से ज्यादा होगी, यूरोप में 46 वर्ष तथा भारत में 29 वर्ष होगी। अन्तर्राष्ट्रीय श्रम संगठन (आईएलओ) के अनुसार वर्ष 2020 तक भारत में काम की शुरुआत करने वाले इस उम्र समूह यानी 16 से 20 साल वाले 16 करोड़ लोग होंगे जबकि चीन में ऐसे सिर्फ 9.4 करोड़ लोग होगें। इसलिए बुनियादी तौर पर भारत ऐसा देश होगा जो दुनिया को कार्यशक्ति प्रदान करेगा।

जहाँ तक उत्तर प्रदेश का प्रश्न है 2011 की जनगणना के अनुसार उत्तर प्रदेश की कुल आबादी वर्ष 2001 में 16.62 करोड़ से बढ़कर 19.98 करोड़ हो गयी। इसमें पुरुषों की जनसंख्या 10.45 करोड़ तथा महिलाओं की जनसंख्या 9.53 करोड़ है। उत्तर प्रदेश की आबादी भारत की कुल आबादी की 16.50 प्रतिशत है। प्रदेश की कुल जनसंख्या का 64 प्रतिशत वर्ष 2020 तक कार्य करने योग्य (युवा शक्ति) होगा। यदि उत्तर प्रदेश को उत्तम प्रदेश बनाने का स्वप्न साकार करना है तो प्रदेश के इस अपार श्रम बल को कुशल तथा प्रतिस्पर्धी तथा बाजार की माँगों के अनुरूप बनाना होगा। हमें

प्रदेश की अर्थव्यवस्था को अधिकतम रोजगार प्रदान करने में सक्षम बनाना होगा और इस मानव संसाधन को मानव पूँजी में परिवर्तित कर भारत सहित दुनिया भर के श्रम बाजारों के लिए निर्विकल्प गन्तव्य बन जाना होगा।

फिक्की के अनुसार 2030 तक 10 खरब डालर के आकार को छूकर भारत के दुनिया में सबसे तेजी से बढ़ती अर्थव्यवस्था बनने का अनुमान है, इसके लिए 2030 में देश को लगभग 25 करोड़ की सबल श्रमशक्ति की जरूरत होगी, उधर तेजी से वृद्ध होते विकसित देशों की आबादी में बुजुर्गों की तादाद तेजी से बढ़ रही है। लिहाजा, उनको भी 2030 तक लगभग 5.6 करोड़ दक्ष कामगारों के अभाव का सामना करना पड़ेगा। ऐसे में भारत पूरे विश्व को अकेले अपने दम पर 4.7 करोड़ दक्ष श्रमशक्ति उपलब्ध कराने की स्थिति में होगा। यह एक ऐसा अवसर है जिसे हमारा देश गँवाने की नहीं सोच सकता। लेकिन इस समस्या का दोहन करने के लिए उत्तर प्रदेश सहित पूरे देश में बस कामगारों को तैयार करने के लिए प्रभावी नीतियाँ और कार्यक्रम तैयार करने होंगे व उच्च शिक्षा को भौगोलिक दृष्टि से और विस्तृत करना होगा और उसे अधिक समावेशी होना होगा।

वास्तव में बढ़ती श्रम शक्ति के कारण देश के साथ-साथ उत्तर प्रदेश में भी कौशल विकास की तत्काल आवश्यकता है लेकिन कौशल प्राप्त करने के लिए शिक्षा का एक बुनियादी स्तर हासिल होना जरूरी है। उ.प्र. सरकार को जीडीपी के कम से कम 6 प्रतिशत शिक्षा पर खर्च करने पर गम्भीरता से विचार करना चाहिए, जिसकी सिफारिश 1996 में कोठारी आयोग ने भी की थी। प्रदेश सरकार के शिक्षा के बजट का 85-90 प्रतिशत खर्च वेतनादि पर व्यय हो रहा है और गुणवत्तापूर्ण शिक्षा के लिए आवश्यक तन्त्र विकसित करने के लिए अतिन्यून धनराशि उपलब्ध हो पा रही है।

हमारे ग्रामीण युवकों में स्वरोजगार, स्वनिर्भरता की सोच अभी तक विकसित नहीं हो सकी है। सरकारी नौकरी चाहे चतुर्थ श्रेणी की ही हो, मुख्य लक्ष्य बनी हुई है। दरअसल सरकारी नौकरी की

यह सुविधा अंग्रेजों की देन है। गाँव का कोई आदमी कलेक्ट्रेट में चपरासी भी हो गया, तो दस-बीस को सिफारिश से कहीं न कहीं लगवा ही देता था। इस सिफारिशी तन्त्र ने ग्रामीण नौजवानों से स्वरोजगार एवं कर्मठता में गर्व का एहसास छीन लिया। जो शिक्षा दी गयी, वह कवि घाघ की एक कहावत, 'उत्तम खेती, मध्यम बान, निषिद्ध चाकरी, भीख समान' तक सीमित रही। कृषि स्वरोजगार में गौरव-आत्म सम्मान जैसी कोई बात नहीं बतायी गयी। कवि मैथिलीशरण गुप्त ने भी कहा है कि 'शिक्षे, तुम्हारा नाश हो, तू नौकरी के हित बनी।' सरकारी नौकरी ही ग्रामीण भारत का सबसे बड़ा स्वप्न है।

हमने शायद यह मान लिया है कि वैश्य समाज ही व्यवसाय, व्यापार और उद्योग का सदैव कर्ता बना रहेगा, इसलिए ग्रामीण युवाओं को इण्टरप्रिन्योरशिप की शिक्षा की जरूरत ही नहीं है। हम क्यों जापान, जर्मनी, ताइवान और कोरिया जैसे कठिन श्रम करने वाले देश नहीं बने?

यह ऐसे आधारभूत सवाल थे, जो पहली पंचवर्षीय योजना में पूछे जाने चाहिए थे। ग्रामीण भारत को आर्थिक विकास की धुरी बनाना था। हमने पूँजी की शक्ति का उपयोग नहीं किया और नवयुवकों को उद्यमशीलता की प्रेरणा नहीं दी। उन्हें सरकारी नौकरियों की सोच से आगे निकलना नहीं सिखाया। उन्हें यह बताने से हम चूक गये कि सरकारें सहयोगी मार्गदर्शक भूमिका में हैं। अपने भविष्य की जिम्मेदारी उनके अपने कन्धों पर है।

विकास गाथा तब तक अधूरी है जब तक अधिकतम श्रमबल को गुणवत्तापूर्ण रोजगार नहीं मिलता। यह तब तक प्रदान नहीं हो सकती जब तक कि हमारा श्रमबल कुशल एवं बाजार की माँगों के अनुरूप प्रतिस्पर्धी नहीं बन जाता। मानव पूँजी निर्माण के माध्यम से ही भारत अपने जनांकिकीय लाभांश का अधिकतम दोहन कर सकता है। सामान्य शब्दों में कहें तो 'जनांकिकीय लाभांश' से तात्पर्य जनसंख्या की आयु संरचना की उस अवस्था से है जिसमें कार्यशील आय-समूह (15-59/64 वर्ष) की संख्या गैर-कार्यशील

आयु समूह (14 वर्ष एवं उससे कम या 60/65 वर्ष एवं उससे अधिक) से अधिक हो।

भारत सरकार की देखा-देखी अखिलेश सरकार ने भी उत्तर प्रदेश के युवा उद्यमियों के लिए स्टार्ट-अप योजना प्रारम्भ की है। इसमें इलेक्ट्रॉनिक व मोबाइल गवर्नेंस ई व एम गवर्नेंस को माध्यम बनाते हुए नागरिक सेवाओं में वृद्धि व स्टार्ट-अप के जरिए नवोदित उद्यमियों को प्रोत्साहन देकर रोजगार बढ़ाने पर जोर है। जिसमें अनोखे बिजनेस आइडिया के साथ-साथ प्रदेश में खुद का काम शुरू करने वाले युवाओं को निवेश का 25 प्रतिशत हिस्सा प्रदेश सरकार देगी और इसके लिए प्रदेश सरकार 100 करोड़ रुपये के 'सीड फंड' की व्यवस्था की है और इण्टरप्रिन्योर्स के लिए कुछ खास सहूलियतों का प्रस्ताव किया है।

यह निर्विवाद सत्य है कि सूबे के युवाओं में नये कारोबार को हकीकत में बदलने की क्षमताा है। वे देश दुनिया में अपनी क्षमता प्रदर्शित भी कर रहे हैं। यदि उत्तर प्रदेश का कल सँवारना है तो इन युवा उद्यमियों को यू.पी. में बेहतर माहौल देना होगा और प्रदेश में भी स्टार्ट-अप प्रारम्भ करने के लिए गम्भीर चिन्तन करते हुए इसे मूर्तरूप प्रदान करना होगा।

अखिलेश सरकार का स्टार्ट-अप योजना प्रारम्भ करना चुनावी कवायद प्रतीत होता है क्योंकि युवाओं को लेकर रोजगार के अवसर सुलभ कराने के लिए इस सरकार ने 4 साल कुछ नहीं किया और अब जब सरकार का कार्यकाल समाप्ति पर है तो इस योजना की सफलता पर प्रश्नचिह्न लगना स्वाभाविक ही है। प्रदेश का वर्तमान परिवेश जिसमें कानून व्यवस्था को लेकर उँगलियाँ उठ रही हैं, क्या यू.पी. के युवा उद्यमियों को सरकार द्वारा दी जा रही सहूलियतों के बावजूद नये उद्यम लगाना सम्भव हो सकेगा? यह भी सवाल है कि क्या यह योजना राजनीतिक हस्तक्षेप का शिकार नहीं होगी और सरकार द्वारा दी जा रही सहूलियतों का लाभ राजनेताओं व उनके सम्बन्धियों तक ही सीमित नहीं रहेगा। देश का वर्तमान भ्रष्टतन्त्र क्या इन युवा उद्यमियों के शोषण का लोभ संवरण कर सकेंगे?

समाजवादी युवा स्वरोजगार-योजना की घोषणा प्रदेश सरकार ने की और इसके लिए बजट में प्रावधान भी कर दिया। शिक्षित बेरोजगारों को 25 लाख रुपये बिजनेस शुरू करने पर 6 लाख की वित्तीय सहायता का प्रस्ताव है। सर्विस सेक्टर में 10 लाख तक का उद्यम शुरू करने पर 25 फीसदी सहायता प्रस्तावित है।

अखिलेश सरकार ने मिशन-2017 में कामयाबी के लिए प्रदेश की करीब 39 प्रतिशत आबादी को युवा की श्रेणी में लाकर अपनी चुनावी रणनीति का खुलासा कर दिया है। सितम्बर 2016 में प्रदेश सरकार ने राज्य युवा नीति-2016 की घोषणा की जिसमें युवकों के आर्थिक विकास और उनकी भविष्य की जरूरतों को ध्यान में रख कर कई प्रावधान किये गये हैं। दरअसल प्रदेश में अब तक युवाओं के विकास के लिए कोई नीति नहीं थी। इसलिए अखिलेश सरकार अपने कार्यकाल के अन्तिम वर्ष में राज्य की पहली युवा नीति लाकर युवाओं को साधने की कोशिश में जुट गयी है। इस नीति में गाँव से शहरों की ओर युवकों का पलायन रोकने, कौशल विकास करके रोजगार के लिए तकनीकी तौर पर दक्ष बनाने, पर्यावरण संरक्षण के प्रति जागरूक बनाने, आपदा प्रबन्धन में भागीदारी बढ़ाने, राष्ट्रीय मूल्यों व सामाजिक सौहार्द की भावना पैदा करने समेत कई बिन्दुओं पर फोकस किया गया है। सरकार ने यह भी दावा किया है कि इस नीति के माध्यम से युवाओं का एक कुशल कार्यबल तैयार किया जायेगा जो अर्थव्यवस्था के विकास में अपनी भागीदारी देगा।

इस नीति के जो उद्देश्य रखे गये हैं वे निःसन्देह आदर्श प्रतीत होते हैं। 2012 में प्रदेश की बागडोर जब एक युवा मुख्यमन्त्री ने सँभाली थी तो यह अपेक्षा स्वाभाविक थी कि युवा मुख्यमन्त्री प्रदेश के करोड़ो युवाओं के लिए वास्तव में कुछ करेंगे। विधानसभा के चुनाव इतने निकट हैं कि इस नीति के क्रियान्वयन के लिए प्रदेश सरकार के पास कोई समय नहीं है और जो भी समय बचा है उसमें नीति के क्रियान्वयन के लिए तैयारी भी कदाचित् पूर्ण न हो सके।

पिछले बजट में सभी सरकारी कालेजों में वाई-फाई की सुविधा उपलब्ध कराने की योजना भी कागजों तक सीमित है। सरकार ने यूनिवर्सिटी और कालेजों की हालत सुधारने के लिए बड़ी-बड़ी घोषणाएँ कीं, लेकिन आज भी शिक्षक की कमी और बदहाल व परम्परागत क्लासरूम की समस्या बनी हुई है। पढ़ाई के नाम पर हालात बदतर हैं, सरकारी क्षेत्र के विश्वविद्यालयों में इनोवेशन के नाम पर कुछ भी नहीं हो रहा। स्किल डेवलपमेण्ट से आखिर किसका विकास हो रहा है? एक खास तबके को केवल सामान्य नौकरी पाने लायक बना दिया जा रहा है।

सबसे पहले विद्यालयों और कालेजों का इन्फ्रास्ट्रक्चर सुधारा जाये। किसी भी कालेज में प्लेसमेण्ट सेल नहीं है इनमें लखनऊ विश्वविद्यालय भी शामिल है। जहाँ प्लेसमेण्ट सेल है भी, उनकी हालत बहुत खराब है। वे छात्रों को नौकरी नहीं दिला पाते। सरकार को इस दिशा में योजना बनाकर काम करना चाहिए।

यूनिवर्सिटी और कालेज की बेहतरी का कार्यक्रम केवल बजट की घोषणा और कागजी खानापूर्ति तक ही दिखता है। यूनिवर्सिटी में सेशन आज भी लेट चल रहे हैं। रिजल्ट देरी से आ रहे हैं। सांस्कृतिक और खेल गतिविधियाँ पूरी तरह ठप हो चुकी हैं। हाँ, स्किल डेवलपमेण्ट के लिए सरकार की तरफ से बनाया गया राज्यस्तरीय मिशन एक अच्छी पहल प्रतीत होती है, किन्तु बिना दृढ़ राजनीतिक इच्छाशक्ति के इसकी सफलता सन्देहास्पद है।

उत्तर प्रदेश सरकार को गम्भीरता से कौशल विकास के कार्यक्रमों को प्रोत्साहित करने के लिए तत्काल आवश्यक कदम उठाने की आवश्यकता है। प्रदेश सरकार को भारत सरकार द्वारा प्रारम्भ किये गये राष्ट्रीय कौशल विकास मिशन, राष्ट्रीय कौशल विकास और उद्यमिता नीति, प्रधानमन्त्री कौशल विकास योजना (पीएमकेवीवाइ) और कौशल ऋण योजना का भी अधिकतम लाभ प्रदेशवासियों के लिए लेना चाहिए। मुख्यमन्त्री को यह संकोच नहीं करना चाहिए कि यह कार्यक्रम विरोधी राजनीतिक पार्टी की सरकार द्वारा चलाये जा रहे हैं। ऐसा करने पर प्रदेश के करोड़ों बेरोजगारों

के चेहरों पर मुस्कान लायी जा सकेगी। वहीं दूसरी ओर विश्व के सबसे बड़े गणतन्त्र की जड़ें गहरी होंगी।

सरकार को युनिवर्सिटी और उनसे जुड़े कालेजों की हालत सुधारने पर गम्भीरता से फोकस करना चाहिए इसके लिए बजट के साथ प्रशासनिक फैसलों की भी जरूरत है। सेशन समय से चले और सांस्कृतिक व खेल गतिविधियाँ आयोजित की जायँ। इससे युवाओं को सही दिशा देने में काफी मदद मिलेगी। रोजगार के सृजन करने में भी तेजी लायी जाये।

2012 के विधानसभा चुनाव के पहले प्रदेश के करोड़ों बेरोजगार युवकों को रोजगार देने का भरोसा दिलाकर समाजवादी पार्टी सत्ता में आयी थी। इसे इन करोड़ों बेरोजगार युवकों का दुर्भाग्य कहा जाय या अखिलेश सरकार की करनी। प्रदेश सरकार ने जब-जब युवाओं को रोजगार देने के लिए कोई कार्यवाही प्रारम्भ की तो न्यायालयों को दखल देकर चयन प्रक्रिया रोकनी पड़ी। प्रदेश सरकार ने बेरोजगार युवकों का नौकरी हेतु चयन करने वाली सभी संस्थाओं में अध्यक्ष एवं सदस्यों का चयन बिना प्रक्रिया अपनाये, बिना मापदंड निर्धारित किये और अपने चहेते व्यक्तियों को चयनित कर लिया। यह प्रदेश का दुर्भाग्य है कि शिक्षकों का चयन करने वाली दोनों संस्थाओं—माध्यमिक शिक्षा सेवा चयन बोर्ड तथा उच्चतर शिक्षा सेवा आयोग विवादों के कारण पिछले चार वर्षों में एक भी व्यक्ति को रोजगार नहीं दिला सकी जिसके कारण माध्यमिक विद्यालयों तथा डिग्री कालेजों में शिक्षकों की भारी कमी के कारण शिक्षण कार्य गम्भीर रूप से प्रभावित हुआ। लोक सेवा आयोग जैसी संवैधानिक संस्था भी राजनीतिक दखलन्दाजी के कारण निष्पक्ष चयन करने में असफल रही। चयन प्रक्रिया में पारदर्शिता के अभाव तथा सरकार की चयन प्रक्रिया में मनमानी के चलते प्रदेश के करोड़ों बेरोजगार युवाओं को रोजगार की जगह मायूसी ही हाथ लगी है। इसका ताजा उदाहरण 34,716 पुलिस कान्सटेबलों की भर्ती से सम्बन्धित है। हाईकोर्ट ने यह कहकर कि चयन प्रक्रिया शुरू होने के बाद नियम क्यों बदले गये। भर्ती का

परिणाम जारी करने पर रोक लगा दी है। उल्लेखनीय है कि प्रदेश सरकार के बिना लिखित परीक्षा कराये पुलिस कान्सटेबलों की भर्ती विभिन्न परीक्षाओं में अभ्यर्थियों के प्राप्तांक तथा साक्षात्कार के आधार पर भर्ती करने का निर्णय लिया था। हाईकोर्ट में योजित याचिका में कहा गया है कि सिपाही को जनता के बीच रहकर काम करना होता है। उसकी शारीरिक दक्षता के साथ ही मानसिक योग्यता की परख के लिए लिखित परीक्षा जरूरी है। यह भी तर्क दिया गया कि नकल करके अधिक अंक अर्जित करने वाले को लिखित परीक्षा न होने का लाभ मिलेगा।

यह देखना है कि अब जब 'चुनाव' के पहले काम करने के लिए बमुश्किल 2 महीने बचे हैं, सरकार लिखित परीक्षा की तैयारी कराने, परिणाम घोषित करने और शारीरिक परीक्षा व साक्षात्कार जैसी लम्बी प्रक्रिया को इतने अल्प समय में कैसे पूरा कर सकेगी। यह लगभग निश्चित प्रतीत होता है कि 34,716 युवा बेरोजगारों को कदाचित् मायूसी ही हाथ लगेगी।

आँखों में उमंग, मन में तूफान और हृदय में परिवर्तन की ललक का नाम है—युवावस्था। दुनिया का कोई भी आन्दोलन और विचार युवाशक्ति के बिना सशक्त नहीं बन सकते। निश्चित तौर पर युवा भारत के लिए एक महान निधि है, लेकिन यह बहुत बड़ी जिम्मेदारी भी है, कि इतनी बड़ी संख्या में उपस्थित युवा शक्ति का राष्ट्रनिर्माण में प्रयोग कैसे किया जाय। खासतौर पर ऐसे समय में जब हमारे युवा भटके हुए हैं। उसकी अपनी कोई राह नहीं है, उसका कोई आदर्श नहीं है, इतिहास को टटोलने का समय भी उसके पास नहीं है। उसने विवेकानन्द, भगत सिंह आदि महापुरुषों का नाम जरूर सुना है लेकिन उनके विचारों और कार्यों से वह पूरी तरह अनजान है। भोग विलासिता की चीजों को एकत्र करना आज युवाओं के जीवन का मुख्य लक्ष्य बन गया है। इसके लिए उन्हें जो भी कीमत चुकानी पड़े वह उसके लिए तैयार हैं या फिर कोई भी अनैतिक कार्य करना पड़े वे इससे हिचकिचाते नहीं हैं। वैसे सत्य हमेशा जीतता है, इसका मान उन्हें है लेकिन इसके बावजूद

वे असत्य की राह चुनते हैं, क्योंकि उनकी नजरों में सत्य की राह काफी काँटोंभरी, लम्बी व थका देने वाली होती है, जबकि उन्हें हर चीज तुरन्त चाहिए और इसकी पूर्ति करने के लिए आज वे अपराध करने से भी नहीं चूक रहे हैं।

समाजविज्ञानी व मनोचिकित्सक कहते हैं कि वर्तमान में सामाजिक-आर्थिक विषमता बढ़ने से युवा निराश है, इसलिए वे सही और गलत का निर्णय नहीं कर पा रहे हैं। हालाँकि इसके विपरीत सच्चाई यह है कि समाज में ऐसी विषमता हर वक्त रही है, लेकिन तब के युवाओं ने परिस्थितियों का आकलन करके अपनी नयी राह चुनी थी, जबकि आज का युवा विचारों से शून्य है। आज के अधिकांश युवा अपने माता-पिता की सेवा करने से कतराते हैं। ऐसे में उनसे राष्ट्रसेवा की उम्मीद कैसे की जा सकती है। युवाओं में राष्ट्रभक्ति और सामाजिक संस्कारों को हर हाल में जिन्दा रखना होगा। तभी हमारा देश समृद्धि के रास्ते पर बढ़ेगा।

समाजवादी पार्टी की सरकार प्रदेश के लाखों बेरोजगार नौजवानों को नौकरी का सब्जबाग दिखाकर सत्ता में आयी थी। इस सरकार ने युवा सोच : युवा जोश का नारा दिया और प्रदेश के करोड़ों युवाओं की बदौलत उत्तर प्रदेश को उम्मीदों और असीमित सम्भावनाओं का प्रदेश घोषित किया। यह देखना दिलचस्प होगा कि फरवरी-मार्च-2017 में होने वाले विधानसभा चुनाव में समाजवादी पार्टी को युवाओं का समर्थन हासिल होगा कि नहीं।

नौकरशाही

उत्तर प्रदेश की बात हो और नौकरशाही की चर्चा न हो, यह कैसे सम्भव हो सकता है। उत्तर प्रदेश ने देश को अनेक कर्मठ और विद्वान नौकरशाह दिये हैं जिनका देश की नीतियों की संरचना और क्रियान्वयन में अभूतपूर्व योगदान रहा है। उत्तर प्रदेश संवर्ग के अनेक अधिकारियों ने कैबिनेट सचिव जैसे महत्त्वपूर्ण दायित्व का निर्वहन अत्यन्त निष्ठा से किया है। एक समय था जब इलाहाबाद विश्वविद्यालय, जिसे पूर्व के आक्सफोर्ड के नाम से ख्याति प्राप्त थी, ने अनेक वर्षों तक देश को प्रतिवर्ष इतने नौकरशाह दिये जितने पूरा देश मिलकर भी नहीं दे सका। उत्तर प्रदेश में नौकरशाही का एक गौरवमयी इतिहास रहा है।

सन् 1858 में भारत से ईस्ट इण्डिया कम्पनी के जाने के बाद ब्रिटिश शासकों ने देश के प्रशासन की बागडोर स्वयं सँभालते हुए इम्पीरियल सिविल सर्विस प्रारम्भ की जो कालान्तर में इण्डियन सिविल सर्विस के नाम से जानी गयी। सन् 1947 में आजादी के बाद भारतवर्ष में इण्डियन एडमिनिस्ट्रेटिव सर्विस (भारतीय प्रशासनिक सेवा) और पाकिस्तान में सिविल सर्विस ऑफ पाकिस्तान प्रारम्भ हुई। भारतीय प्रशासनिक सेवा, भारतीय पुलिस सेवा तथा अन्य कतिपय केन्द्रीय सरकार की नौकरियों के लिए चयन का जिम्मा संघ लोक सेवा आयोग को सौंपा गया। सन् 1959 में मसूरी उत्तराखण्ड में लाल बहादुर शास्त्री नेशनल एकेडमी ऑफ एडमिनिस्ट्रेशन की स्थापना हुई जिसमें भारतीय प्रशासनिक सेवा, भारतीय पुलिस सेवा तथा भारतीय वन सेवा आदि सेवाओं हेतु चयनित अभ्यर्थियों को प्रशिक्षण की व्यवस्था की गयी।

आजादी के कुछ दशक बाद तक सबकुछ ठीक-ठाक चलता रहा। राजनेताओं और नौकरशाहों ने पूरी निष्ठा, ईमानदारी और लगन से प्रदेश के विकास में अपना योगदान दिया।

समय के साथ नैतिक व मानवीय मूल्यों का ह्रास हुआ और क्षेत्रीय राजनीतिक दलों के विकास से जातिगत राजनीति के साथ-साथ कार्यपालिका के कार्यों में राजनीतिक हस्तक्षेप के एक नये युग का प्रादुर्भाव हुआ। सत्तालोलुप राजनीतिज्ञों ने अपने वोट बैंक को साधने के लिए तरह-तरह के हथकंडे अपनाने प्रारम्भ कर दिये। इन्होंने वोट हासिल करने के लिए तरह-तरह के प्रलोभनों का सहारा लेना शुरू कर दिया। यह कार्य नौकरशाही के सहयोग के बिना कदाचित् आसान नहीं था। चुनाव महँगें होते चले गये और राजनेताओं ने इसमें खुलकर धन-बल का प्रयोग करना प्रारम्भ कर दिया। राजनेताओं ने माफियाओं के माध्यम से धनार्जन करना प्रारम्भ कर दिया और कालान्तर में बहुत से माफिया खुद राजनीति में प्रवेश कर गये। इस पूरे राजनीतिक परिवेश में राजनीतिज्ञों और नौकरशाहों के बीच गठजोड़ पनपना एक स्वाभाविक परिणीति थी। इस गठजोड़ का यह परिणाम निकला कि एक ओर राजनेता और नौकरशाह फलने-फूलने लगे और रोजी-रोटी की लड़ाई में मशगूल प्रदेश की गरीब एवं बदहाल जनता के जीवन स्तर में कोई सुधार नहीं हो सका।

डॉ. हरदेव सिंह ने अपनी पुस्तक 'बेईमान क्यों हो जाती है नौकरशाही' में लिखा है : 'गाँधी जी ने साधन और साध्य दोनों की शुचिता पर बल दिया था और दोनों का उचित होना बताया था। आज के माहौल में जब एक ही उत्पाद को विभिन्न डिजाइनों, उपभोक्ताओं की विभिन्न रुचियों में आविष्ट कलेवरों और आय और आयु की बाजारू रुझान से सराबोर रूपों में परोसने की होड़ लगी है, नौकरशाहों का मन न बहके, यह सम्भव नहीं है। धन को महिमामंडित करने की सामाजिक अवधारणा ने जीवन शैली बदलने की ललक पैदा कर दी है। आधुनिक साजो-सामान की उत्तम/उत्कृष्ट गुणवत्ता से परिपूर्ण सामग्री के परिग्रह की होड़ ने

'नव सभ्यता' को जन्म दिया और 'नव्य कुलीन' की एक नयी जाति अस्तित्व में आ चुकी है। इन नव्य कुलीन जाति में बड़े-बड़े व्यापारिक/औद्योगिक घराने, राजनीति के अखाड़ची तथा अधिकार सम्पन्न नौकरशाही तथा संत्रास सामर्थ्य से सम्मिलित लोग शामिल हैं। अनगिनत वर्षों से ऊँच-नीच की भेदभाव परक जाति व्यवस्था तो शनैः-शनैः क्षरणप्राय है किन्तु 'नव्य कुलीन' जाति व्यवस्था ने अच्छी तरह पाँव पसार लिया है। इस नयी जाति व्यवस्था में भी मंजिलें हैं, सोपान हैं और यह वर्गीकरण धन, अधिकार तथा संत्रस्त की क्षमता के आधार पर स्थापित हुआ है।'

बदले सामाजिक और राजनीतिक परिवेश ने अधिकार सम्पन्न नौकरशाही की दिशा और दशा में बदलते समय के अनुसार बहुत परिवर्तन कर दिया है और एक नयी कार्यसंस्कृति को जन्म दिया। यही कारण है कि आज सरकारी तन्त्र में आमतौर पर सभी बुराइयाँ, जैसे संवेदनहीनता, आलस्य और बेईमानी आदि मौजूद हैं। लगता है कि नौकरशाही ने अपने सारे गुण खो दिये हैं जिन पर उसे कभी गर्व था।

आज स्थिति यह है कि मसूरी में स्थित नौकरशाहों को प्रशिक्षण देने वाले लाल बहादुर शास्त्री नेशनल एकेडमी ऑफ एडमिनिस्ट्रेशन में प्रवेश करते ही विशेष रूप से आई.ए.एस. और आई.पी.एस. अधिकारियों को यह एहसास हो जाता है कि वह 'साधारण' नहीं हैं अपितु अत्यन्त असाधारण हैं क्योंकि वह उन गिनेचुने भाग्यशालियों में हैं जिनका चयन करोड़ों की आबादी वाले देश में इन सेवाओं के लिए हुआ है। उनकी यह अनुभूति वैसे तो उनके जीवन भर रहती है पर इस स्कूल में प्रशिक्षण के नाम पर दी जाने वाली शिक्षा उनकी इस अनुभूति को और प्रखर बना देने में सहायक होती है। जब उन्हें ज्ञान होता है कि वे शासक हैं सेवक नहीं। 'साहबियत' और 'अंग्रेजीयत' इनमें कूट-कूट कर भर जाती है और उनके व्यक्तित्व की पहचान बन जाती है।

कहते हैं न जैसा बोया जाता है वैसा ही काटा जाता है। प्रशिक्षण समाप्ति के उपरान्त सेवा में आते ही इनकी जीवनशैली

तुरन्त यह एहसास दिला देती है कि यह तो 'साहब' हैं। बहुत कम बोलना, मातहतों व जनता से दूरी बनाना, हमेशा अत्यन्त व्यस्त होने का अभिनय करते हुए मातहतों और अन्य लोगों को अपने दफ्तर के बाहर घंटों प्रतीक्षा कराना इनकी प्रवृत्ति बन जाती है। इनकी बॉडी लैंग्वेज़ कार्यपालिका के स्वाभिमान एवं अहंकार से युक्त वर्तमान स्वरूप का दर्शन कराती है। अंग्रेजी भाषा का प्रचुर मात्रा में प्रयोग करना और हमेशा आफिस की मेज पर या यात्रा करते समय किसी प्रसिद्ध अंग्रेजी लेखक की पुस्तक इनके साथ होना जरूरी होता है ताकि यह एहसास बना रहे कि साहब बहुत विद्वान और ज्ञानी हैं। आफिस समय से न आना और लंच के बहाने देर तक आफिस से गायब रहने की इनकी आदत से आज सभी परिचित हैं। इनके रुतबे का अन्दाजा इस बात से लगाया जा सकता है इनके सीधे ऊपरी कनेक्शन के कारण यूपी में आज कुछ दिग्गज मन्त्रियों को छोड़कर अन्य मन्त्री अपने ही विभाग के इन नौकरशाहों से बात करने में घबड़ाते हैं और यदि बात करते भी हैं तो उसमें अनुरोध और अनुनय-विनय की भाषा ही बोलते हैं। विवादों से घिरे एक वरिष्ठ नौकरशाह ने सेवानिवृत्ति से पहले एक समाचार-पत्र को दिये साक्षात्कार में कदाचित् सही ही कहा था कि यूपी में आज नौकरशाहों का काम नेताओं से क्रिकेट मैच हारना और एसोसिएशन की बैठक के नाम पर साल भर में एक दिन परिवार के साथ मुफ्त भोजन करना, दारू पीना रह गया है।

सिविल परीक्षा उत्तीर्ण कर इन्हें देश के सबसे अधिक जनसंख्या वाला राज्य आवंटित कर उसकी सेवा करने का अवसर मिलता है। जब इनका सामना भ्रष्टाचार से लिप्त चाटुकारों से घिरे राजनीतिक हस्तक्षेप से ओतप्रोत सिस्टम से होता है तो पहले यह हतप्रभ रह जाते हैं और प्रदेश के लिए वास्तव में कुछ करने का इनका सपना टूटता दिखता है। प्रारम्भ में कुछ बहादुर इस अत्यन्त प्रतिकूल परिवेश में भी अपनी योग्यता व हुनर से सिस्टम में बदलाव का प्रयास करते हैं, फिर थक-हार कर आत्मसमर्पण कर सिस्टम का हिस्सा बन जाते हैं और उस खेल के महारथी

बन जाते हैं जो प्रदेश के राजनेताओं और अन्य नौकरशाहों द्वारा प्रदेश की जनता को उत्तम प्रदेश बनाने का सपना दिखाकर खेला जाता है। आज नौकरशाहों और सत्ताधारी नेताओं का यह गठजोड़ ऐसे गुल खिला रहा है कि इन्सानियत भी शर्मिन्दा हो जाये। जो फिर भी घुटने नहीं टेकते हैं वह या तो पहला अवसर मिलते ही प्रति नियुक्ति पर दिल्ली का रास्ता पकड़ लेते हैं। कुछ और भी समझदार नौकरशाह विदेश में अवकाश/स्टडी लीव/प्रतिनियुक्ति पर जाकर प्रदेश में कभी वापस न आने की मंशा के साथ वहीं विलुप्त हो जाते हैं और कई-कई दशकों से विलुप्त यह नौकरशाह कहाँ हैं, क्या कर रहे हैं इसका पता उत्तर प्रदेश शासन को भी नहीं होता है। समाचार-पत्रों में इन महान पुरुषों के नाम प्रकाशित होते रहते हैं और यह पता चलता है कि उत्तर प्रदेश शासन का कार्मिक विभाग इनकी खोजबीन में जुटा है। यह स्पष्ट नहीं है कि धन का लोभ या प्रदेश में व्याप्त राजनीतिक वातावरण इनके पलायन का कारण है। शेष नौकरशाह उपेक्षित होने का दंश झेलते हुए प्रदेश में ही किसी प्रकार साइड पोस्टिंग में जीवन यापन करने पर विवश हो जाते हैं।

उत्तर प्रदेश में नौकरशाही के वरिष्ठ पदों पर विराजमान महानुभावों के ठाठ-बाट पुराने रजवाड़ों को शर्मिन्दा करते हैं। अनगिनत गाड़ियाँ और सेवकों की लम्बी फौज इनकी गरिमा में चार चाँद लगाते हैं। यह विशिष्ट सुविधा विशेष रूप से आई.ए.एस. अधिकारियों को मुहैया है। आई.पी.सी., पी.सी.एस. तथा कुछ मलाईदार विभागों के विभागाध्यक्ष भी इस राजयोग का रसास्वादन कर रहे हैं।

वरिष्ठ नौकरशाहों के लिए प्रदेश की राजधानी में अनेक सरकारी आवास उपलब्ध हैं, किन्तु लखनऊ के विभिन्न अंचलों विशेष रूप से गोमती नगर व उसके आस-पास स्थित इन अधिकारियों की महलनुमा आलीशान कोठियाँ इनकी सम्पन्नता और रुतबे का संकेत मात्र हैं। यदि आप भाग्यशाली हैं और आपको कभी इनके अन्दर जाने का सौभाग्य प्राप्त हुआ है तो आप अपने आपको कितना

भी सम्पन्न समझते हो आपको यह अनुभूति होगी कि सुदामा कृष्ण भगवान के घर पधारे हैं। यहाँ पर सुख-सुविधाओं के सभी देशी-विदेशी आधुनिकतम नाना प्रकार के प्रसाधनों की बहुतायत में उपलब्धता आपको चकाचौंध कर देगी। इन बँगलों में बिछे गलीचे, छतों से लटकते झूमर मुगल बादशाहों की शानो-शौकत को लजाने को पर्याप्त है। अपने समाचार-पत्रों/पत्रिकाओं में भले ही मीडिया द्वारा बार-बार इनके लिए बाबू शब्द का प्रयोग कर इन्हें नीचा दिखाने व अपमानित करने का प्रयास किया हो, इनके सेहत पर कोई प्रभाव नहीं पड़ा।

उत्तर प्रदेश के नौकरशाहों को दो श्रेणियों में रखा जा सकता है। एक वे जो वास्तव में ईमानदार हैं, 24 कैरेट के सोने की तरह। उनमें योग्यता भी कूट-कूट कर भरी हुई होती है। जिन्हें 'अव्यावहारिक', 'मूर्ख', 'अड़ियल' और 'निकम्मे' जैसे शब्दों से सम्बोधित किया जाता है। हालाँकि इस प्रजाति के नौकरशाहों की संख्या निरन्तर घटती जा रही है और शीघ्र ही इनके लगभग विलुप्त होने की सम्भावना से इंकार नहीं किया जा सकता है। वर्तमान सिस्टम में गलत कार्यों को करने के बढ़ते दबाव तथा इनकी कथित रूप से अव्यावहारिक कार्यशैली के कारण इनकी तैनाती के स्थलों को सत्ता पर काबिज शीर्ष राजनेताओं द्वारा उसी प्रकार जल्दी-जल्दी बदल दिया जाता है जैसे फुटबाल के मैदान में मैच के दौरान गेंद निरन्तर अपना स्थान बदलती रहती है।

दूसरी श्रेणी में वे नौकरशाह आते हैं जो प्रारम्भ से ही धन लोलुप होते हैं जिनका संवेदनशीलता और नैतिकता से कोई लेना-देना नहीं होता है। आई.ए.एस. आदि अखिल भारतीय सेवाओं में चयन के बाद अपने शासकीय जीवन की पाली का शुभारम्भ शादी के मार्केट में सबसे अधिक बोली लगाने वाले परिवार से वैवाहिक सम्बन्ध स्थापित करते हैं। नैतिक व मानवीय मूल्यों से विहीन इन नौकरशाहों में निःसन्देह कुशाग्र बुद्धि होती है जिसका उपयोग वह जनसेवा के स्थान पर स्वयं सेवा में करना शुरू कर देता है। अल्प समय में अकूत सम्पत्ति अर्जित करने के अपने सपने को पूरा करने

के लिए उसके समक्ष एक ओर उसके सीनियर भ्रष्ट नौकरशाह होते हैं जिनसे वह भ्रष्टाचार के गुण सीखता है, सियासी रीति-रिवाज से परिचित होता है। वहीं दूसरी ओर वे अनुभवी व माहिर राजनेता होते हैं जिनकी चाटुकारिता करके मलाईदार पोस्टिंग पाने के जुगाड़ में लग जाता है। धीरे-धीरे वह नौकरशाह अपनी बुद्धि चातुर्य के बल पर धन उगाही के नये-नये तरीके ईजाद करना सीख जाता है और उसकी अधिक से अधिक कमाई करने की मानसिकता उसको नये हरे-हरे चरागाह को ढूँढ़ निकालने में सहायक बनती है।

खुशामद, जी हजूरी, और चाटुकारिता और अन्य प्रकार के बेशर्म आचरण कर यह अफसर सत्ता के केन्द्र बिन्दु के इर्दगिर्द रहकर कमाऊ पोस्टिंग झटक लेते हैं और फिर अफसरों और नेताओं के बीच जो यारी पनपती है वह कालान्तर में गजब का रंग लाती है। योजनाएँ बनाना, भटकाना, चलाना और क्रियान्वित कर देना यह चार चीजें नौकरशाहों और मन्त्रियों के साझे से सम्पन्न की जाती हैं। सत्ता की अन्तिम शक्ति संवैधानिक रूप से चुनी गयी सरकार में निहित होती है, इसीलिए नौकरशाहों को राजनीति लुभाती है और राजनीति को नौकरशाही।

सुशासन इनकी जेब में रहता है, जन कल्याण की कागजी योजनाएँ इनकी जुबान पर। दीगर है कि इनमें से अधिकांश योजनाओं की नियति सचिवालय की भूलभुलैया में अपने वित्तीय आवंटन के साथ गुम हो जाना है।

हर प्रान्त की भाँति उत्तर प्रदेश में भी चीफ सेक्रेटरी यानी आई.ए.एस. अफसरों का दारोगा मुख्यमन्त्री अपने हिसाब से बनाते हैं। सामान्यतः यह अधिकारी सत्ताधारी पार्टी के नेतृत्व का विश्वास जीतने के लिए कई कुर्बानियाँ दे चुका होता है। नौकरशाही के प्रदेश के इस सर्वोच्च पद को प्राप्त करने के लिए अफसरों में होड़ लगी रहती है और दावेदार अफसर सही गलत की परवाह किये बिना बस 'अन्धभक्ति' या अगाध निष्ठा का प्रदर्शन करते हैं।

उत्तर प्रदेश में मुख्य सचिव के पद को सुशोभित कर चुके एक वरिष्ठ नौकरशाह पर दिल्ली हाईकोर्ट ने जो टिप्पणी की थी उसको

एक समाचार-पत्र ने "देश के लिए कैंसर जैसा खतरनाक नौकरशाह का भ्रष्टाचार" शीर्षक से प्रकाशित किया। दिल्ली हाईकोर्ट की टिप्पणी यह थी कि *"नौकरशाहों के भ्रष्टाचार से जीवन का हर पक्ष प्रभावित हो रहा है। यह देश की प्रगति को बर्बाद कर रहा है और कैंसर की गाँठों की तरह राजनीति, सामाजिक ढाँचे और जन सेवाओं जैसे महत्त्वपूर्ण क्षेत्रों को गला रहा है। भ्रष्ट नौकरशाहों की वजह से ईमानदार नौकरशाहों का मनोबल गिर रहा है, इसे रोकने के लिए कानून को सख्ती करनी ही होगी।"*

"प्रमोशन नहीं मिलने से नाराज आई.ए.एस. ने इस्लाम कबूला" नामक शीर्षक से समाचार-पत्रों में एक समाचार देखने को मिला। भेदभाव से व्यथित राजस्थान के इस अनुसूचित जाति के वरिष्ठ आई.ए.एस. अधिकारी श्री उमराव सलोदिया ने मुख्य सचिव का पद न मिलने पर जूनियर के तहत काम नहीं कर सकने की शिकायत करते हुए राज्य सरकार को स्वैच्छिक सेवानिवृत्ति (वी.आर.एस.) के लिए तीन महीने का नोटिस दे दिया। इस्लाम धर्म कबूल करते हुए इन महाशय ने कहा : "अब मुझे उमराव खान बुलाया जायेगा। मैंने 'कलमा' पढ़ने के बाद अपना धर्म परिवर्तन कर लिया है लेकिन मेरे परिवार के सदस्यों ने अपना धर्म परिवर्तन नहीं किया है।"

उत्तर प्रदेश के एक वरिष्ठ नौकरशाह श्री सूर्य प्रताप सिंह ने 31 मार्च 2015 को अपनी 34 साल की सरकारी सेवा पूर्ण होने पर एक समाचार-पत्र ने विभिन्न मुद्दों पर बातचीत के अंश प्रकाशित किये जिनमें कुछ उदाहरण प्रदेश में नौकरशाही के राजनेताओं के समक्ष नतमस्तक होने तथा राजनीतिक दखलन्दाजी की असीमितता का हाल बयाँ करते हैं। उनके इस बयान में 1990 के दशक से क्षेत्रीय दलों के उदय के साथ जातिवाद, परिवारवाद और निजी स्वार्थों में आयी अप्रत्याशित अभिवृद्धि का जो उल्लेख किया है, वह प्रदेश के वास्तविक राजनीतिक व सामाजिक परिवेश का चित्रण करता है। इस नौकरशाह ने कहा कि वर्तमान में काम करने की बिल्कुल आजादी नहीं है। निष्ठावान अधिकारियों के लिए कोई जगह नहीं है।

इस सम्बन्ध में सूबे के पूर्व मुख्य सचिव रहे योगेन्द्र नारायण कहते हैं कि आई.ए.एस. अधिकारी को शक-शुबहा से परे होना चाहिए। उससे गलत उदाहरण की तो कल्पना ही नहीं की जा सकती। उम्मीद की जाती है कि वह आदर्श पेश करेगा। उसे मार्गदर्शक की भूमिका निभानी होती है, तभी नीचे वालों से हम उत्कृष्टता की अपेक्षा कर सकते हैं। सर्विस में राजनीतिक दबाव किसी से छुपा नहीं है। अफसर को तय करना है कि उसे बिना किसी दबाव में आये काम करना है।

आई.ए.एस. और आई.पी.एस. में अनेक अधिकारी ऐसे भी हैं जिन्होंने नवाचार के माध्यम से अनेक ऐसे कार्यक्रम स्वयं प्रारम्भ किये हैं जो प्रदेश के विकास और जनता की भलाई में कारगर हो सकते हैं। बुलन्दशहर की जिला अधिकारी रही बी. चन्द्रकला तथा किंजल सिंह ऐसे अधिकारी हैं जिन्होंने भ्रष्टाचार और समाज में व्याप्त गन्दगी को दूर करने के सार्थक प्रयास किये हैं। जिनकी सोशल मीडिया में भी काफी धूम है। 2012 बैच की आई.ए.एस. अधिकारी अपूर्वा दुबे ने कानपुर में कुपोषण से लड़ने के लिए एक नयी योजना बनायी। स्कूल प्रांगण में खाली पड़ी भूमि पर किचन गार्डेन विकसित कराकर मिड डे मील के भोजन में स्वास्थ्यवर्धक सब्जियों का प्रयोग कराया जिससे कुपोषण की शिकार छात्राओं में सकारात्मक परिणाम देखने को मिले हैं।

लखनऊ के जिलाधिकारी राजशेखर द्वारा किये गये उत्कृष्ट कार्यों के लिए उन्हें राष्ट्रीय स्तर पर सम्मानित किया गया। उन्होंने कारपोरेट सोशल रिस्पोन्सबिलिटी द्वारा जिला कारागार लखनऊ में एक प्रमुख बिल्डर संस्था के माध्यम से 19 गायें दिलवाकर गौशाला प्रारम्भ करायी और 100 से अधिक ऐसे बन्दियों को रिहा कराया गया जो पूरी सजा काट चुके थे और जुर्माने की रकम अदा न कर पाने के कारण निरुद्ध थे।

एक दिन समाचार-पत्र में यह शीर्षक देखने को मिला कि "अनाथ बच्चों को इल्म की रोशनी दे रही अफसर बिटिया।" यू. पी. संवर्ग की आई.ए.एस. अधिकारी कामिनी रतन चौहान ने ऐसे बच्चों के भविष्य की चिन्ता शुरू की है जिनके न तो माँ का पता

है और न पिता का। बालगृह में पलने वाले बच्चों को अच्छी शिक्षा दिलाने के लिए वह 2 साल से नामी बोर्डिंग स्कूलों के चक्कर काट रही हैं। अब तक 20 बच्चों का दाखिला करा चुकी हैं, कई अन्य बच्चों के लिए भी प्रयास जारी है। उनका अपने आई.पी.एस. पति दीपक रतन चौहान के सहयोग से यह प्रयास निरन्तर जारी है।

बालगृह के बच्चों का अच्छे पब्लिक स्कूलों में दाखिला आसान नहीं होता जहाँ उनके पढ़ने से लेकर खाने-पीने ठहरने का पूरा बन्दोबस्त हो। बच्चों को पढ़ाई के लिए तैयार करना एक समस्या थी जिसे उन्होंने बच्चों से संवाद करके और बच्चों को घर बुलाकर उन्हें पढ़ने के लिए तैयार किया। इसी प्रकार स्कूलों कालेजों से सम्पर्क किया गया और उनसे ऐसे बच्चों के प्रवेश का आग्रह किया गया। कतिपय विद्यालय न केवल ऐसे बच्चों को पढ़ाने के लिए तैयार हो गये और बिना एक पाई लिए इस मुहिम से जुड़े।

कामिनी का कहना है कि सुविधा और सम्पन्नता के बीच पल-बढ़ रहे इनके बच्चे बड़े होने लगे तो उन्हें अभावों की जिन्दगी जी रहे बच्चों की दुनिया दिखाने की बात मन में आयी ताकि वे उनके बारे में सोचें। बच्चों ने एक बार बाल गृह जाना शुरू किया तो जब भी मौका मिला जाने लगे। वे इन बच्चों के साथ खेलते। उनके लिए किताबें तथा खिलौने ले जाते। उनकी बातें सुनते। उनकी पीड़ा से कई बार बहुत परेशान दिखते। एक दिन हमारे बच्चों ने कहा, क्या उन लोगों की तरह इन बच्चों की भी पढ़ाई हो सकती है? क्या ये भी अच्छी जिन्दगी जी सकते हैं? इसके बाद कामिनी इन बच्चों की पढ़ाई के प्रयास में जुट गयीं जिसमें उन्हें अंशुमालि शर्मा का बहुत सहयोग मिला।

जिन बच्चों को बोर्डिंग स्कूलों में दाखिले मिले हैं उनमें प्रति छात्र सालाना खर्च डेढ़ से तीन लाख रुपये तक है। जिन बच्चों को जिन संस्थानों में दाखिला मिला उनमें लामार्टीनियर ब्वायज, अर्वियन ग्लोबल स्कूल लखनऊ, जीडी गोयनका स्कूल कानपुर, शान्ति विद्या निकेतन विद्यापीठ मेरठ, लखनऊ पब्लिक कालेजिएट लखनऊ, बाल विद्या मन्दिर स्कूल लखनऊ, एचएमएम गर्ल्स इण्टर

कालेज झाँसी, इलाहाबाद गर्ल्स हाई स्कूल एण्ड कालेज, इलाहाबाद ब्वायज हाई स्कूल, ट्रांसलेम एकेडमी मेरठ व डीपीएस कानपुर जैसे संस्थान शामिल हैं। ये संस्थान इन बच्चों को मुफ्त पढ़ायेंगे बल्कि इनके रहने, खाने-पीने और ड्रेस का खर्च भी उठायेंगे। अब ये बच्चे स्कूल की पूरी पढ़ाई कर ही वापस आयेंगे। उन्हें उम्मीद है कि पढ़ाई करने के बाद बच्चे अच्छे नागरिक बन सकेंगे।

22 मई 2016 को सुबह समाचार पत्रों में यह पढ़ने को मिला कि यू.पी. की अपर्णा बनीं एवरेस्ट फतेह करने वाली पहली महिला आई.पी.एस. अफसर। पुलिस उपमहानिरीक्षक तकनीकी सेवाओं के पद पर कार्यरत 2002 बैच की अपर्णा ने 8848 मी. ऊँचे माउण्ट एवरेस्ट पर तिरंगा और यू.पी. पुलिस का झण्डा फहराया। अपर्णा अब तक विश्व के सबसे चुनौतीपूर्ण 7 पर्वत शिखरों में से 5 पर तिरंगा फहरा चुकी हैं। अभी तक वे यूरोप के माउण्ट एलब्रुस, इंडोनेशिया के कारटेंस पिरामिड, तंजानिया के माउंट किलिमंजारो और दक्षिण अफ्रीका के एकोकागुआ पर्वत पर अपने देश का झण्डा फहरा चुकी हैं।

उत्तर प्रदेश संवर्ग की अन्य आई.ए.एस. अधिकारी कंचन वर्मा को मलेशिया में एडमिनिस्ट्रेशन एण्ड मैनेजमेण्ट इंटरनेशनल अवार्ड 2016 से पुरस्कृत किया गया। उन्हें यह पुरस्कार फतेहपुर जिले का डी.एम. रहते हुए ससुर खदेरी नदी और ठिठौरा झील के पुनर्जीवीकरण के लिए दिया गया। कंचन वर्मा इसके पहले लोक प्रशासन में उत्कृष्टता के लिए प्रधानमन्त्री पुरस्कार (2013-14) से भी प्रधानमन्त्री नरेन्द्र मोदी द्वारा सम्मानित हो चुकी हैं। इससे पहले यही पुरस्कार देवेश चतुर्वेदी को मिल चुका है। इलाहाबाद में मण्डलायुक्त के रूप में 2013 में सफलतापूर्वक कुम्भ मेला सम्पन्न कराने के लिए उन्हें यह पुरस्कार मिला था।

हाल ही में आजमगढ़ के जिला अधिकारी सुहाष एल.वाई जिन्हें पाँव में कठिनाई है, ने चीन में बैडमिंटन का पैरा ओलम्पिक जीत कर प्रदेश की शान बढ़ाई।

मुझे अपनी शासकीय सेवा के दौरान जिन आई.ए.एस.

अधिकारियों के साथ कार्य करने का अवसर मिला उनमें सन्त कुमार त्रिपाठी, इन्दु प्रकाश ऐरन, नीरा यादव, अखण्ड प्रताप सिंह, आलोक रंजन, नेतराम, गोविन्दन नायर, प्रवीर कुमार, पी.के. झा, प्रदीप शुक्ला, वृन्दा सरूप और जितेन्द्र कुमार प्रमुख हैं। इनमें से लगभग सभी का स्नेह व समर्थन मुझे प्राप्त हुआ। प्रवीर कुमार तो यहाँ तक कहते थे कि 'उनकी पत्नी कहती है कि डिपार्टमेण्ट बहुत खराब है किन्तु डायरेक्टर बहुत अच्छा है।' इनमें से कतिपय अधिकारी विलक्षण प्रतिभा रखने वाले थे जिनमें प्रमुख रूप से वृन्दा सरूप, गोविन्दन नायर और आलोक रंजन का नाम लेना चाहूँगा। नीरा यादव बहुत लम्बे समय तक शिक्षा विभाग में तैनात रहीं। लोग उनके बारे में जो भी धारणा रखते हों पर वे एक अधिकारी कम और एक ममतामयी गृहिणी ज्यादा दिखती थीं। निःसन्देह वे एक धाकड़ अधिकारी थीं और जो ठान लेती थीं उसको पूरा करके ही मानती थीं। किन्तु यह भी सत्य है कि उन्होंने कभी किसी से कोई अपेक्षा नहीं की। जिन आई.ए.एस. अधिकारियों के साथ मुझे कार्य करने का अवसर मिला, उनसे सम्बन्धित संस्मरण मैं अपनी अगली पुस्तक में आपके साथ शेयर करूँगा।

प्रदेश में नौकरशाहों में बढ़ते भ्रष्टाचार के मामले समूचे तन्त्र और समाज के लिए चिन्ता का विषय बन गये हैं। अपनी प्रतिभा के बूते देश की सबसे बड़ी परीक्षा पास कर प्रशासनिक सेवा में आने वाले अधिकारियों की चर्चा जब सकारात्मक कार्यों से ज्यादा घोटालों के लिए होने लगे तो हमें खतरे की घंटी समझ लेना चाहिए। हाल ही में बहुचर्चित नोएडा भूमि घोटाले में वरिष्ठ आई.ए.एस. नीरा यादव तथा राजीव कुमार के पहले एन.आर.एच.एम. घोटाले के आरोपी वरिष्ठ आई.ए.एस. अधिकारी प्रदीप शुक्ला को भी जेल जाना पड़ा। प्रदीप शुक्ला अपने बैच के टापर थे। भ्रष्टाचार के आरोपों से घिरे कई और अधिकारी भी चर्चा में हैं। कुछ जेल जा चुके हैं तो कुछ पर मामले विचाराधीन हैं। इतने ऊँचे ओहदे पर पहुँचने के बावजूद अधिकारी धन और वैभव की लालसा क्यों नहीं त्याग पाते। क्या वे इस सेवा में धन के लिए आये थे। हालाँकि

सरकार इन अधिकारियों को वेतन के रूप में पर्याप्त धन, रुतबा और सम्मान देती है। कई नौकरशाह नियमों का मानना अपनी तौहीन समझते हैं जबकि उनको नियमों का पालन कर समाज को सन्देश देना चाहिए।

कोर्ट द्वारा भ्रष्टाचार के दोषी पाये जाने के बावजूद राजीव कुमार को सरकार ने प्रमुख सचिव नियुक्ति जैसे अहम पद पर बनाये रखा। जब अखिलेश सरकार से हाईकोर्ट ने पूछा कि सजायाफ्ता को इतना अहम पद देने की क्या वजह है और नियुक्ति की पालिसी माँग ली तब जाकर राजीव कुमार को विभाग से हटाया गया।

6 साल से नोएडा अथॉरिटी, ग्रेटर नोएडा अथॉरिटी और यमुना एक्सप्रेस-वे इण्डस्ट्रियल डेवलपमेण्ट अथॉरिटी के मुख्य अधिशासी पद पर जमे आई.ए.एस. अफसर रमारमण के काम करने पर हाईकोर्ट ने रोक लगा दी। अवकाशकालीन बेंच ने मामले पर स्वतः संज्ञान लेते हुए सरकार से पूछा कि सूबे में योग्य अफसर हैं, फिर रमारमण को ही तीनों प्राधिकरणों का सीईओ क्यों बनाया।

इसी तरह नोएडा में गड़बड़ियों के आरोप के बाद भी आई. ए.एस. संजीव सरन और राकेश बहादुर नोएडा अथॉरिटी में जमे रहे। राकेश बहादुर तथा संजीव सरन पर वर्ष 2006 में किसानों की जमीन औने पौने दामों पर बिल्डरों को देने का आरोप लगा था। माया सरकार ने इन अधिकारियों को सस्पेण्ड भी किया था। यह दोनों अधिकारी नोएडा से तब हट सके जब हाईकोर्ट को यह कहना पड़ा कि इन दोनों को वेस्ट यू.पी. में तैनाती न दी जाय हालाँकि फिर भी सरकार इन्हें अहम पदों से नवाजती रही। मनरेगा घोटालों में सवालों के घेरे में आये आई.ए.एस. पन्धारी यादव आवास विकास में अहम् पद पर बने हैं। वहीं जेल से छूटने के बाद एन.एच. आर.एम. घोटाले के आरोपी प्रदीप शुक्ला को भी प्रमुख सचिव लघु उद्यम के पद पर तैनाती दी थी। इस समय वह सामान्य प्रशासन में हैं। इससे पहले मुलायम सिंह यादव ने भी अपने कार्यकाल में घोटालों का आरोपी होने के बाद भी नीरा यादव को मुख्य सचिव बना दिया था जो अब जेल में हैं। इसी प्रकार नोएडा के सीईओ

रहे आई.ए.एस. मोहिन्द्र सिंह नोएडा के मायाजाल में फँसे। उन पर नियम विरुद्ध फार्म हाउस आवंटन के आरोप लगे। फार्म हाउस आवंटन में बिल्डरों व प्रभावशाली लोगों को फायदा पहुँचाया गया। इसी प्रकार समाजवादी पार्टी की यह विशेषता रही है कि जिस पर जितने दाग, उस पर उमड़ा प्यार।

काफी कोशिशों के बाद भी कुछ आई.ए.एस. अधिकारी अपनी सम्पत्ति का ब्योरा जल्दी और समय पर नहीं देते, जबकि सिविल सेवा नियमावली के मुताबिक अधिकारियों को हर वर्ष अपनी सम्पत्ति का ब्योरा देना जरूरी होता है। आखिर नौकरशाहों के इस रवैये से समाज में क्या सन्देश जायेगा? व्यवस्था ऊपर से नीचे की ओर चलती है। यदि शीर्ष पदों पर बैठे अफसर ही भ्रष्टाचार में लिप्त हो जायेंगे तो नीचे के तन्त्र को बेलगाम होने से कौन रोकेगा। परीक्षा उत्तीर्ण करने के बाद देश सेवा की दुहाई देने वाले छात्र अधिकारी बन जाने के बाद यह भूल कैसे जाते हैं। नौकरशाहों को अब समझ लेना चाहिए कि बुरे काम का बुरा नतीजा ही होता है। भ्रष्टाचार का मार्ग आकर्षक कितना ही क्यों न लगे, इसका अन्त सलाखों के पीछे ही है। उम्मीद है अधिकारी इन घटनाओं से सबक लेकर ईमानदारी का रास्ता अपनायेंगे।

अपनी शासकीय सेवा के दौरान मुझे कुछ वरिष्ठ नौकरशाहों के रोचक संस्मरण देखने सुनने को मिले। एक बार जब मैं पूर्वी उत्तर प्रदेश के जिले में तैनात था तो वहाँ सीधी भर्ती के एक आई.ए.एस. अधिकारी मुख्य विकास अधिकारी के पद पर तैनात थे। उन अधिकारी महोदय ने अप्रत्याशित रूप से मेरे साथ सम्पर्क स्थापित करने का प्रयास किया। कालान्तर में उस आई.ए.एस. अधिकारी ने मुझसे कहा कि उसकी एक 'कजिन' को इण्टरमीडिएट की परीक्षा में सम्मिलित होना है, उसके लिए पाठ्यक्रम एवं पाठ्य पुस्तकें उपलब्ध करा दी जायें। कुछ दिन बाद वह अधिकारी महोदय मुझसे बोले कि उनकी कजिन पढ़ाई में बहुत कमजोर है और उसके लिए कुछ ऐसी गाइड आदि की व्यवस्था कर दी जाय जिन्हें पढ़कर वह परीक्षा में सम्मिलित हो सके। जब परीक्षा केन्द्रों का निर्धारण

हुआ तो वह अधिकारी भागे-भागे रात में मेरे आवास पर आ गये और अपनी कथित कजिन का परीक्षा केन्द्र किसी सुविधाजनक परीक्षा केन्द्र पर करवाने के लिए कहा। मुझे मजबूरन उसका परीक्षा केन्द्र ग्रामीण क्षेत्र के एक बदनाम परीक्षा केन्द्र पर निर्धारित करना पड़ा। उन दिनों बीस सूत्रीय कार्यक्रम पर बहुत जोर था और उसकी समीक्षा मुख्य विकास अधिकारी द्वारा स्वयं की जाती थी और उसके द्वारा किसी भी अधिकारी के विरुद्ध बीस सूत्रीय कार्यक्रम क्रियान्वयन में ढिलाई बरतने पर शासन को रिपोर्ट भेजने पर उसका निलम्बन हो जाता था। परीक्षा शुरू होने के 15-20 दिन बाद वह पुनः मेरे पास आये और कहने लगे कि आप कुछ समझ ही नहीं रहे हैं, वह लड़की पढ़ाई में बहुत कमजोर है। फिर तुरन्त आई.ए.एस. वाली साहबियत दिखाते हुए अंग्रेजी में बोले–What will be the mode of help and what will be the extent of help। मेरे लिए यह बहुत ही असमंजस की स्थिति थी। मैंने उनका सम्पर्क बोर्ड परीक्षा डील करने वाले बाबू से कराया और कहा कि यह आपकी योजना के अनुसार समस्त कार्यवाही सुनिश्चित करा देगा। परीक्षा प्रारम्भ होने के पहले ही मुझे एक प्रशिक्षण कार्यक्रम में नयी दिल्ली जाना पड़ा और जिलाधिकारी का अन्यत्र ट्रांसफर हो जाने के कारण इन मुख्य विकास अधिकारी महोदय को कलेक्टर का भी चार्ज मिल गया। प्रशिक्षण से वापस आने पर मुझे ज्ञात हुआ कि उस बाबू ने विद्यालय प्रबन्धक से सम्पर्क किया और लौटकर यह बताया कि उस लड़की के बैठने की व्यवस्था एक अलग कमरे में कर दी जायेगी और बाहर से ताला लगा दिया जायेगा। मुख्य विकास अधिकरी ने इस पर भी यह कहा कि आप कुछ समझ ही नहीं रहे हैं, वह पढ़ाई में बहुत कमजोर है और उसकी बी.ए. पास मित्र को परीक्षा कक्ष में उसकी सहायता हेतु बैठा दियें जाने की अनुमति भी दे दी जाय। बाबू ने उसकी भी व्यवस्था करा दी। दिल्ली से लौटने पर मुझे ज्ञात हुआ कि परीक्षा अवधि में यह अधिकारी महोदय सरकारी गाड़ी से उस लड़की को परीक्षा केन्द्र स्वयं छोड़ने जाते थे और परीक्षा अवधि में पास एक निकटस्थ गेस्ट

हाउस में रुके रहते थे और परीक्षा समाप्त होने पर उस लड़की को स्वयं साथ लेकर वापस शहर आते थे। यह उल्लेखनीय है कि वह अधिकारी कायस्थ थे जबकि उनकी कथित 'कजिन' ब्राह्मण थी। एम.के. काव ने अपनी पुस्तक 'Bureaucracy Gets Crazier-IAS Unmasked' में फ़िल्म अभिनेता धर्मेन्द्र की दूसरी शादी के सन्दर्भ में नौकरशाही पर 'धर्मेन्द्र इफेक्ट' का उल्लेख नाहक ही नहीं किया है।

यह अधिकारी बाद में शासन में प्रमुख सचिव स्तर के अधिकारी बने और आप स्वयं कल्पना कर सकते हैं कि जिस भी विभाग की जिम्मेदारी इन्हें सौंपी होगी उसका क्या हश्र हुआ होगा? ऐसे अधिकारी कदाचित् उत्तर कोरिया जैसे देश में अधिकारी बनना पसन्द करेंगे जहाँ कार रखने की इजाजत सिर्फ अधिकारियों को है, जिन्हें खुश रखने के लिए 2000 महिलाओं का 'प्लेजर स्क्वायड' हमेशा तैयार रहता है। किन्तु फिर ऐसे अधिकारी यह सुनकर सहम जाते होंगे कि वहाँ के तानाशाह किम जोंग ने अपने रक्षामन्त्री को एण्टी एयरक्राफ्ट गन से इसलिए उड़ा दिया था क्योंकि इस तानाशाह की मौजूदगी में उसे झपकी आ गयी थी।

शासन में प्रमुख सचिव स्तर के एक आई.ए.एस. अधिकारी तैनात थे। दीवाली के मौके पर उनके विभागाध्यक्ष ने प्रमुख सचिव के स्टाफ के लिए 25 हजार रुपये भेजे। उनके निजी सचिव ने धनराशि स्टाफ में वितरित करने के पूर्व प्रमुख सचिव से इसकी सूचना देना उचित समझा। प्रमुख सचिव ने 25 हजार रुपये में से 20 हजार रुपये अपने पास यह कहते हुए रख लिए कि उनके घर पर कार्यरत कर्मचारियों को भी तो पैसे देने हैं। उन्होंने शेष 5 हजार रुपये स्टाफ में बाँटने के लिए निजी सचिव को वापस कर दिये।

उत्तर प्रदेश के शहरी क्षेत्रों में गरीबों के उत्थान के लिए स्थापित संस्था में एक ऐसे अधिकारी तैनात थे जिनकी धन लोलुपता किसी से छिपी नहीं थी। इस संस्था को शासन द्वारा करोड़ों रुपयों का अनुदान ऐसी सामग्री के क्रय के लिए आवंटित किया जाता था जो प्रदेश के शहरी गरीबों के जीवन स्तर को सुधारने के लिए प्रयुक्त

की जानी होती थी। एक बार शासन ने डेढ़ करोड़ की धनराशि पुस्तकों को क्रय के लिए स्वीकृत की ताकि शहरी गरीबों के बच्चों और कम पढ़े- लिखे लोगों में इनका वितरण कर शैक्षिक स्तर में अभिवृद्धि की जा सके। संस्था के मुखिया के रूप में तैनात इस नौकरशाह ने अपने कुछ भरोसेमन्द मातहतों के माध्यम से ऐसे प्रकाशकों को ढूँढ़ निकाला जो इन मुखिया द्वारा लेनदेन के लिए निर्धारित शर्तों को पूरा करने के लिए तैयार हो गये। मातहतों द्वारा इन प्रकाशकों को विभाग के मुखिया के समक्ष पेश किया गया तो उन्होंने कहा कि भाई देखो मेरा सिद्धांत है कि किसी भी सरकारी खरीद में मेरा कमीशन 50 प्रतिशत होता है, इसके लिए आपको यह छूट दे सकता हूँ कि आपकी पुस्तक किसी भी विषय पर हो, कितने ही पृष्ठों की हो और उसके लिए प्रयोग किये जाने वाले कागज का कोई मानक निर्धारित नहीं होगा और आप उसका मनचाहा मूल्य निर्धारित कर सकते हो। प्रकाशकों की सहमति मिल जाने के बाद डील पक्की भी हो गयी और बस काम हो गया।

आन्ध्र प्रदेश के डिप्टी ट्रान्सपोर्ट कमीशन पद पर तैनात आई.ए.एस. अधिकारी ए. मोहन के पास एण्टी करप्शन ब्यूरो द्वारा 30 अप्रैल 2016 को छापा मारने जाने पर 800 करोड़ की सम्पत्ति मिली थी। इन्होंने मध्य प्रदेश के आई.ए.एस. दम्पति अरविन्द जोशी व टीनू जोशी के पास से जब्त 400 करोड़ की सम्पत्ति के कीर्तिमान को भंग किया। इस सम्भावना से कतई इंकार नहीं किया जा सकता कि इनके रिकार्ड को तोड़ने वाले एक से अधिक नौकरशाह उ.प्र. में मौजूद होंगे।

समाचार-पत्र में यह समाचार पढ़ने को मिला कि वन विभाग की गोपनीय बैठक चल रही थी। अवैध कटान रोकने पर मन्थन चल रहा था। पश्चिमी यू.पी. के एक ओहदेदार काफी देर तक चुपचाप बैठे सुनते रहे। बैठक कर रहे बड़े ओहदेदार ने उनसे भी विचार रखने को कहा। उन साहब ने अपनी चुप्पी तोड़ी—हमारे क्षेत्र में तो कटान पर पाबन्दी है। हमारे मातहत इसका पूरा पालन करते हैं। एक भी पेड़ नहीं कटता। जब भी कोई पेड़ अपनी जगह

पर नहीं मिलता तो बताया जाता है कि पेड़ काटा नहीं, ट्रान्सप्लाण्ट कर दिया गया है। इसके बाद साहब ने एक शब्द पर जोर देते हुए कहा, हमारे अधिकारियों ने अवैध कटान की काट निकाल ली है, वह है ट्रान्सप्लाण्टेशन। इसमें लकड़ी की कीमत तो मिलती ही है, ट्रान्सप्लाण्टेशन का खर्च जेब को और भारी कर देता है। अफसरों को तब समझ में आया कि यह ट्रान्सप्लाण्टेशन किसी जंगल माफिया के गोदाम में हो रहा है।

1963 बैच के आई.पी.एस. अधिकारी महेश चन्द त्रिवेदी ने अपनी पुस्तक 'इन्ट्रस्टिंग एक्सपोजर्स ऑफ एडमिनिस्ट्रेशन' में यू.पी. के नौकरशाही के विषय में कई रोचक बातें लिखी हैं। उन्होंने लिखा है : *"दूसरे प्रगतिशील राज्यों में जहाँ सचिवालयों में कर्मचारी पैसा लेकर काम तेजी से करते हैं वहीं यू.पी. में कर्मचारी पैसा लेकर काम में बाधा पैदा करते हैं।"*

उन्होंने अपनी पुस्तक में लगभग हर विभाग से जुड़े संस्मरणों को सँजोया है। विकास से लेकर सुरक्षा तक के कार्यों में आई.ए.एस. और आई.पी.एस. अधिकारी आमतौर पर कैसा नजरिया रखते हैं, काम कैसे कराये जाते हैं और कैसे रोके जाते है, ऐसी कई भीतर की बातों की पोल उन्होंने खोली है। उन्होंने उ.प्र. सचिवालय को बाधाएँ खड़ी करने वाला क्लब कहा है।

उन्होंने वैसे तो अपनी पुस्तक में बहुत से संस्मरणों का उल्लेख किया है किन्तु एक संस्मरण उ.प्र. के राजनेताओं और नौकरशाहों के चरित्र को उजागर करने वाला है। 1995 में इलाहाबाद के वकीलों ने हाईकोर्ट परिसर में तोड़-फोड़ की। मुख्य न्यायाधीश के चैम्बर तक को नहीं छोड़ा। चीफ जस्टिस इससे खुश नहीं थे, लेकिन जज के लिए वकीलों पर एक्शन लेना आसान नहीं होता। ऐसे में उन्होंने अपना गुस्सा सूबे की सरकार पर निकाला। अफवाह थी कि वे शाम तक प्रदेश सरकार को कानून व्यवस्था बनाये रखने में विफल करार देते हुए बर्खास्त करने के लिए लिखने जा रहे हैं। सूचना सूबे के पहलवान सीएम के पास पहुँची। उन्होंने इलाहाबाद जोन के आईजी को तुरन्त सस्पेंड कर दिया। उनका यह काम जज

का गुस्सा शान्त करने के लिए था। दूसरी ओर सस्पेंड किये गये आईजी को बुलाया और चुपचाप एक लिफाफा थमा दिया। इसमें चार लाख रुपये थे जो यह कहकर दिये गये कि कुछ महीने सस्पेंड रहने पर वह चुप रहे। आज से 20 साल पहले यह राशि बहुत ही बड़ी थी ओर द्विवेदी के अनुसार वे खुद इस रकम के लिए किसी भी समय सस्पेंड होने को तैयार थे।

आज उत्तर प्रदेश के शासकीय कार्यालयों में कामचोरी और भ्रष्टाचार का बोलबाला है। सूचना प्रौद्योगिकी के आ जाने पर भी कर्मचारियों की बहुतायत में उपलब्धता शासकीय धन की बर्बादी का कारण बनी हुई है। इस सम्बन्ध में सोशल मीडिया पर दो व्यंग्य देखने को मिले जिन्हें आपसे बाँटना चाहता हूँ।

एक बार दो शेरों ने पथ भ्रमित होकर अज्ञानतावश एक शहर में प्रवेश करने की धृष्टता कर दी। उनमें से एक शेर एक सर्कस से आया था जो पकड़े जाने के बाद कई वर्षों तक आदमियों की संगत में रहकर उनकी रग-रग से परिचित हो चुका था। दूसरा शेर जंगल से रास्ता भूलकर दुर्भाग्यवश पहुँच गया था। यह शेर जंगल के राजा के रूप में प्रकृति द्वारा नियत नियमों के अनुसार जंगल में स्वच्छन्द होकर विचरण करते हुए अपने परिवार सहित आनन्द जीवन यापन कर रहा था। यह शेर आदमी की फितरत से नितान्त अपरिचित था और मनुष्य के बुद्धि चातुर्य के सापेक्ष मासूम व अबोध था।

जंगल वाला शेर शीघ्र पकड़ लिया गया और चिड़ियाघर को समर्पित कर दिया गया। अपने राज्य व परिवार से विरक्त इस शेर के अबोध व मर्मज्ञ दिल पर क्या गुजरी होगी इसकी सहज ही कल्पना की जा सकती है। दूसरा शेर छह महीने के बाद पकड़ में आ सका। चिड़ियाघर में जंगल वाले शेर से सर्कस से पकड़े गये शेर ने पूछा कि तुम इतने दिन कहाँ रहे तो उसने बताया कि वह एक सरकारी कार्यालय में घुस गया जहाँ धूल-धूसरित फाइलों के बड़े-बड़े ढेर लगे हुए थे और उनके पीछे छिपकर उसने छह महीने तक अपने प्राणों की रक्षा की। जब उससे पूछा गया उसने इतने दिन क्या खाया-पिया तो उसने बताया कि भूख लगने पर उस

सरकारी कार्यालय में बहुतायत में तैनात कर्मचारियों में एक दो आदमियों को खाकर अपनी भूख शान्त कर लेता था। वह जितने आदमी खाता था कार्यालय वाले उतने नये कर्मचारियों की भर्ती कर लेते थे। ऐसा बहुत दिन तक चलता रहा पर एक दिन गलती से उसने चाय वाले को पकड़ कर खा लिया। पूरे दफ्तर में हड़कम्प मच गया और वह पकड़ा गया।

प्रदेश के एक शासकीय कार्यालय में बाबू ने एक ठेकेदार से सेटिंग कर पत्रावली साहब के सामने प्रस्तुत की। साहब ने ठेकेदार से हुए सौदे का विवरण सुनते ही पत्रावली में 'एप्रूव्ड' के आदेश दे दिये। बाद में ठेकेदार अपने वादे से मुकर गया। बाबू पुनः साहब के पास वही पत्रावली लेकर गया तो साहब ने झल्ला कर पूछा अब क्या है? बाबू ने साहब से कहा कि सर टेंशन की कोई बात नहीं है आप पहले नॉट लिख दें अर्थात 'नॉट एप्रूव्ड'। अब परेशान होने की बारी ठेकेदार की थी। उसने दफ्तर के चक्कर लगाने शुरू कर दिये। बाबू भी कम खेला खाया नहीं था उसने अपनी भी बिरादरी की पारम्परिक पारंगतता दर्शाते हुए 'अर्थ दण्ड' लगाकर 'सौदे' को फिर फाइनल टच दे दिया। बाबू जब पत्रावली लेकर साहब के सामने पथ प्रदर्शक के रूप में पुनः उपस्थित हुआ तो उसने 'NOT APPROVED' के पहले अंग्रेजी वर्णमाला के 'ई' अक्षर को नॉट के अन्त में जोड़ने का परामर्श दिया अर्थात NOTE APPROVED और बस काम बन गया।

प्रदेश को उत्तम प्रदेश बनाने का झूठा सपना दिखाने वाले राजनेता क्या यह नहीं जानते प्रदेश में भ्रष्टाचार किस तरह प्रदेश को खोखला कर रहा है।

शरद पगारे ने अपनी पुस्तक 'उजाले की तलाश' में एक प्रख्यात शिक्षाविद् के भाषण का उद्धरण देते हुए लिखा है, हमारे नेताओं में राजनीतिक ईमानदारी, नैतिक मूल्यों में आस्था और देश के गरीबतम व्यक्ति के प्रति सच्ची सहानुभूति हो, इतना ही जरूरी नहीं है, इसके लिए नौकरशाही की नैतिक प्रतिबद्धता बेहद जरूरी है। अच्छी पोस्टिंग, ट्रांसफर आदि के छोटे-छोटे लाभों को ठुकराते

हुए नौकरशाही को राजनेताओं की जन विरोधी नीतियों, आदेशों का पालन करने से इंकार कर देना चाहिए। न केवल अस्वीकार करना चाहिए, शासन की पारदर्शिता कायम रखना चाहिए। शासन की नीतियों को लागू करने की प्राथमिक जिम्मेदारी प्रशासन की है। उदासीन, बेईमान, कानूनी दाँवपेंच में उलझाने वाली, समय सीमा में काम न करने वाली नौकरशाही-अफसरशाही, शासन की अच्छी नीतियों को भी जन विरोधी बना सकती है। शासन-प्रशासन में भ्रष्टाचार ने छलनी के समान जितने छेद किये हैं उनको बन्द करना होगा। राष्ट्रीय चरित्र का विकास करना होगा।

देश की सर्वोच्च परीक्षा आई.ए.एस. को उत्तीर्ण कर यह युवा उस कुलीन विशेषाधिकार, सर्वसुविधाजनक, सम्पन्न वर्ग में शामिल हो जाते हैं जिसकी संख्या हमारी कुल आबादी के एक प्रतिशत से भी कम है। बड़ा सवाल यह है कि क्या ये अधिकारी देश या देश के लोगों, खासतौर पर वंचित वर्ग के लोगों के भले के लिए कुछ करेंगे या केवल अपनी तथा अपनों या बड़े लोगों की ही सेवा करेंगे। वास्तविकता यह है कि आजादी के करीब 70 वर्षों बाद भी कतिपय व्यक्तियों के पास एक दिन में खर्च करने के लिए 50 रुपये भी नहीं होते और ऐसे लोगों की संख्या इस देश में करोड़ों में है, जो जीने के मूलभूत अधिकारों से वंचित हैं। भोजन, आवास, पीने का पानी, स्वास्थ्य तथा शिक्षा आदि जैसी जरूरी सुविधाएँ भी उन्हें नहीं मिल पा रही हैं।

नौकरशाहों से सदैव यह अपेक्षा रहती है कि वह संविधान द्वारा प्रदत्त व्यवस्था, विधायिका द्वारा निर्मित कानूनों के अनुरूप कार्य करें ताकि जिन उद्देश्यों को सामने रखकर यह सब किया गया है, उन उद्देश्यों को प्राप्त किया जा सके। 1947 में आजादी के बाद हम सबने मिलकर कल्याणकारी राज्य (welfare state) की संकल्पना की थी। प्रदेश के निवासियों ने यह भी सपने देखे होंगे कि उत्तर प्रदेश का विकास होगा, सुख समृद्धि आयेगी और शिक्षा, स्वास्थ्य, परिवहन आदि सेवाएँ बेहतर होंगी।

आई.ए.एस. अधिकारी को इतनी ज्यादा सुविधाएँ, अधिकार

तथा जवाबदेही से छूट दी गयी है कि पूरे समाज में भारी विकृति आ गयी है। यही वजह है कि इन्जीनियर और डॉक्टर बनकर निकलने वाले छात्र भी आई.ए.एस. बनना चाहते हैं। आई.ए.एस. में कुछ वर्ष कार्य करने के बाद कई अधिकारी अपने सम्पर्कों का फायदा उठाकर अन्तर्राष्ट्रीय संस्थानों, विश्वबैंक आदि में नियुक्ति ले लेते हैं ताकि 10 से 12 गुना वेतन या कर रहित आय की कमाई हो सके। संयुक्त राष्ट्र के कुछ दफ्तरों में पाँच साल काम कर लेने पर मोटी पेंशन भी पक्की हो सकती है। आजादी के इतने वर्षों बाद भी हमारा देश विकास, कार्य संस्कृति,न्याय व्यवस्था, नागरिक सुविधाएँ, आर्थिक व सामाजिक आदि मानकों पर पीछे है तो इसकी सबसे बड़ी जिम्मेदारी सरकारों की बनती है। क्योंकि यहाँ नागरिक जीवन के हर क्षेत्र में सरकार की भारी दखलन्दाजी है। सूचना के अधिकार के तहत सवाल पूछने पर ही कई लोग मारे जा चुके हैं। यद्दि इस देश को और गिरने से बचाना है, तो हमें उन तमाम कानूनों को खत्म करना होगा, जिन्हें अंग्रेजों ने यहाँ गुलामी कायम रखने के लिए लागू किया था। कई तरह के करों को समाप्त करके उन्हें तर्कसंगत बनाना होगा, सरकारी अमले और खर्च में भारी कमी करनी पड़ेगी। सरकारी सेवाओं में भर्तियाँ केन्द्र और राज्यस्तर पर न करके स्थानीय स्तर पर करनी होंगी, ताकि अधिकारी और कर्मचारी स्थानीय स्वराज के प्रति जवाबदेह हों और ट्रान्सफर पोस्टिंग (जो करोड़ों रुपये का अवैध उद्योग बन चुका है) खत्म हो सके।

संघ लोक सेवा आयोग द्वारा चुनी हुई अच्छी प्रतिभाओं का इस्तेमाल इस देश की व्यवस्था में परिवर्तन के लिए उपाय सुझाने के लिए किया जाना चाहिए, लेकिन इसके बजाय वही पुरानी शोषण तथा अपने लोगों को लाभ पहुँचाने की परम्परा जारी है। आई.ए.एस. को साध्य के तौर पर नहीं बल्कि साधन के रूप में लिया जाना चाहिए, जो अपनी पूरी क्षमता के साथ देश का नवनिर्माण कर सके। सिर्फ संविधान और जनतन्त्र की दुहाई देने से बात नहीं बनेगी, जाति, मजहब और क्षेत्र हर तरह के तुष्टिकरण को समाप्त करना होगा।

न्यायपालिका

देश की आजादी के बाद कई दशकों तक न्यायपालिका देश के अवाम को यह विश्वास दिलाने में असफल रही कि कानून सबके लिए समान है, इसमें गरीब, अमीर का कोई भेद-भाव नहीं है। प्रजातन्त्र के दो स्तम्भ—कार्यपालिका तथा विधायिका के भ्रष्टाचार में आकंठ डूबे होने के कारण देश के सामने न्याय पाने की एकमात्र आस न्यायपालिका से ही थी। बाहुबलियों और अपराधियों के बढ़ते वर्चस्व से पूरा देश कराह रहा था। लेकिन हाल के दशकों में न्यायपालिका अपने साहसी निर्णयों से काफी हद तक जनता को यह विश्वास दिलाने में सफल रही कि छोटे-बड़े सब कानून की नजर में समान हैं। लालू यादव, ए. राजा, कानिमोझी, पी.के. युंगन, ओम प्रकाश चौटाला समेत अनेक राजनेताओं के बारे में न्यायालयों के रुख ने स्पष्ट सन्देश दिया कि कानून में इससे कोई फर्क नहीं पड़ता कि कौन कितना बड़ा है। राजनेताओं और नौकरशाहों के विरुद्ध न्यायालयों द्वारा की गयी तल्ख टिप्पणियाँ समाचार-पत्रों की सुर्खियाँ बनीं।

देश की सबसे बड़ी अदालत ने दो वर्ष से अधिक की सजा पाये राजनेताओं के संसद व विधान मण्डल में प्रवेश पर रोक लगा कर यह सन्देश दिया है कि आपराधिक व्यक्तियों के लिए अब राजनीति में कोई स्थान नहीं है। अब न तो यह चुनाव लड़ सकते हैं और यदि पहले से ही किसी सदन के सदस्य हैं तो सजा पाने के बाद उसे उनको त्यागना होगा।

भारत के पूर्व मुख्य न्यायाधीश टी.एस. ठाकुर ने मुख्यमन्त्रियों और हाईकोर्ट के मुख्य न्यायाधीशों के संयुक्त सम्मेलन में अत्यन्त

भावुक होकर जजों के रिक्त पदों पर चिन्ता व्यक्त की और जजों की संख्या बढ़ाने की आवश्यकता पर बल दिया। इस अवसर पर पूर्व मुख्य न्यायाधीश की भावुकता चिन्ता का विषय है। संविधान के अनुच्छेद 141, 142 एवं 144 सर्वोच्च न्यायालय को देश की सबसे ताकतवर संस्था बनाते हैं। अनुच्छेद 141 के तहत उसके द्वारा दिया गया निर्णय देश का कानून है, जो बाध्यकारी है। अनुच्छेद 142 के अन्तर्गत उसे 'पूर्ण न्याय' करने हेतु कोई भी निर्णय देने का अधिकार है और अनुच्छेद 144 के अनुसार देश के सभी नागरिक एवं न्यायिक अधिकारी सर्वोच्च न्यायालय की सहायता के लिए काम करेंगे। उन्होंने देश की विभिन्न अदालतों में लम्बित लाखों मामलों के लिए केन्द्र सरकार और राज्य सरकारों को जिम्मेदार बताया। उन्होंने कहा कि 1987 में विधि आयोग की सिफारिशों और सुप्रीम कोर्ट द्वारा फैसला दिये जाने के बावजूद जजों की संख्या बढ़ाने के लिए सरकार की ओर से कारगर प्रयास नहीं किये गये। आयोग ने उस वक्त सिफारिश की थी कि प्रति दस लाख की आबादी पर पचास जज होने चाहिए किन्तु 29 वर्ष बाद भी कुछ नहीं हुआ। मुख्य न्यायाधीश ने देश के विकास को न्यायपालिका की मजबूती से जोड़ा और कहा कि जब तक देश में 'जस्टिस डिलेवरी सिस्टम' को प्रभावी नहीं बनाया जायेगा 'मेक इन इण्डिया' अभियान सफल नहीं होगा।

इस सम्मेलन में प्रधानमन्त्री ने न्यायिक व्यवस्था में सुधार और मैन पावर के मुद्दे पर चीफ जस्टिस के साथ एक बैठक का प्रस्ताव दिया है। उन्होंने कहा कि यदि संवैधानिक अड़चनें न हों तो सरकार के वरिष्ठ मन्त्री और सुप्रीम कोर्ट के वरिष्ठ जज समस्या के समाधान के लिए एक साथ बैठ सकते हैं। उन्होंने भरोसा दिलाया कि सरकार अपनी जिम्मेदारियों को पूरा करने में कोई कोताही नहीं बरतेगी।

सर्वोच्च न्यायालय के पूर्व मुख्य न्यायाधीश न्यायमूर्ति टी.एस. ठाकुर ने हिमाचल प्रदेश विश्वविद्यालय के दीक्षांत समारोह में कहा कि मौजूदा स्थिति में निष्पक्ष और शीघ्र न्याय दिलाना अभी दूर का सपना है। उन्होंने माना कि लोकतन्त्र के तीसरे और मजबूत स्तम्भ

न्यायपालिका के सामने आज भी न्याय दिलाने को लेकर कई बड़ी चुनौतियाँ हैं। उन्होंने कहा कि जिस तरह से हमारा देश विकास के मोर्चे पर उल्लेखनीय प्रगति कर रहा है, उसी तरह न्याय दिलाने वाली प्रणाली का विकसित होना जरूरी है। लेकिन सामाजिक और आर्थिक असमानता वाले इस समाज में संवैधानिक उद्‌देश्यों को पूरा करना आसान नहीं है। उन्होंने सुझाव दिया कि अदालत में पहुँचने से पहले मामलों को मध्यस्थता के जरिए सुलझाने का प्रयास करना चाहिए।

इस अवसर पर पूर्व मुख्य न्यायाधीश ने यह भी कहा कि लोकतन्त्र के तीन स्तम्भों विधायिका, कार्यपालिका और न्यायपालिका के सामने कई चुनौतियाँ हैं। आर्थिक विकास को यदि अलग रखें तो देश में साफ पेयजल, न्यूनतम स्वास्थ्य सुविधा, शिक्षा और बेरोजगारी की समस्या गम्भीर बनी हुई है। उन्होंने कहा कि न्यायपालिका के सामने लोगों को न्याय दिलाने में अलग तरह की चुनौतियाँ हैं। देश उल्लेखनीय प्रगति के दौर से गुजर रहा है इसलिए न्यायिक व्यवस्था को उसके मुताबिक ढालना होगा। आने वाले वक्त में हमें विवाद सुलझाने के लिए मध्यस्थता की प्रक्रिया को महत्त्व देना होगा, जैसा कि अन्य देशों में व्यवस्था है। दीवानी मामलों को आसानी से मध्यस्थता से निपटाया जा सकता है। सभी सिविल मामलों को कोर्ट में जाने से पूर्व मध्यस्थता से निपटाना होगा। राज्य सरकारों को एडीआर सेंटर में पूरी तरह से प्रशिक्षित मीडिएटर तैनात करने होंगे।

सम्बोधन के दौरान प्रधानमन्त्री नरेन्द्र मोदी ने हल्के अन्दाज में कहा : *"जब मैं गुजरात का मुख्यमन्त्री था तो कुछ वर्ष पूर्व हुए इसी सम्मेलन में जजों के लम्बे अवकाश को कम करने और ईवनिंग कोर्ट का मामला उठाया था। बाद में जजों ने मुझसे कहा कि आप खुद को क्या समझते हैं।"*

इस सम्मेलन में उ.प्र. के मुख्यमन्त्री ने यह वक्तव्य दिया कि यदि हर मामले में अफसर न्यायालय में तलब होंगे तो कैसे काम होगा। मुख्यमन्त्री की यह चिन्ता जायज हो सकती है, लेकिन

उन्हें इसके कारणों पर भी मन्थन करना चाहिए। जब सरकार के हर काम पर उँगलियाँ उठने लगेंगी तो लोगों के पास आखिरी उम्मीद तो अदालत ही बचती है। अखिलेश सरकार के चार साल से अधिक के काम-काज पर जरा गौर करें। किसी भी विभाग की किसी भी भर्ती का मामला शायद ही अदालत न पहुँचा हो। यही नहीं प्रदेश की सबसे बड़ी परीक्षा कराने वाली संस्था उ.प्र. लोक सेवा आयोग के अध्यक्ष रहे अनिल यादव की नियुक्ति का प्रकरण भी अदालत पहुँचा और सरकार को अदालत के निर्देश पर अन्ततः उन्हें पद से हटाना पड़ा। उनके कार्यकाल के दौरान हुई परीक्षाओं की शुचिता पर भी सवाल उठे और छात्रों को अदालत की शरण लेनी पड़ी। जरा विचार करें यदि छात्रों को पढ़ाई छोड़कर न्याय के लिए अदालत की शरण लेनी पड़ रही है, तो यह उनकी विवशता ही होगी। यदि सरकारें अपना काम ठीक से करें तो यह नौबत ही क्यों आये? लम्बे अर्से से लटका शिक्षक भर्ती का मामला भी अन्ततः अदालत के निर्णय के बाद ही सुलझा। आजकल प्रायः अदालतों की अति सक्रियता का मामला चर्चा में रहा है, लेकिन इसके लिए कहीं न कहीं सरकारों की नाकामी ही जिम्मेदार है। प्रदेश सरकार अपने राजनीतिक हित साधने के लिए जनता का पैसा पानी की तरह फूँकती है। छुटभैया नेताओं को राज्यमन्त्री का तमगा देकर लालबत्ती बाँटने का मामला ही लें। यदि इस मामले में अदालत ने हस्तक्षेप न किया होता तो इन नेताओं की लालबत्ती और राज्यमन्त्री का रुतबा अभी तक लोगों को चिढ़ा रहा होता। ऐसा क्यों होता है कि अतिक्रमण और स्ट्रीट लाइट न लगने के मामले भी अदालत तक पहुँच जाते हैं। कोर्ट आदेश देती है पर इसके बाद भी हर शहर में अतिक्रमण का बाजार सजा देखा जा सकता है। मुख्यमन्त्री और उनके अफसरों को यह भी सोचना चाहिए।

हाईकोर्ट की लखनऊ बेंच ने एक मामले में राज्य सरकार को मुकदमों को लम्बा खींचने के लिए फटकार भी लगाई और कहा कि *"सरकार सबसे बड़ी मुकदमेबाज है, समय पर जवाबी हलफनामा दायर न होने से मुकदमों में तारीख लग रही है, स्थगन लिए जा*

रहे हैं। कोर्ट का अधिकतर समय इसी में निकल रहा है, फैसलों में देरी होती है।" एक मामले में 20 साल बाद भी जवाबी हलफनामा दाखिल न होने पर हाईकोर्ट ने सरकार पर 50 हजार रुपये का जुर्माना भी ठोंका है।

आर्म्ड फोर्सेस ट्रिब्यूनल के न्यायिक सदस्य जस्टिस डी.पी. सिंह ने कहा कि केवल जजों की संख्या बढ़ाने से अदालतों में मुकदमों का बोझ कम नहीं हो पायेगा। केसों का बैकलॉग खत्म करने के लिए क्वान्टिटी के साथ जजों में क्वालिटी होना जरूरी है। जल्दबाजी में अक्षम और संदिग्ध, सत्यनिष्ठा वालों को न्यायाधीश बनाने से फायदे की बजाय नुकसान ज्यादा होगा। उनका कहना है कि मुकदमों को लम्बित होना जजों की क्वालिटी से भी जुड़ा है। यदि निचली अदालतें खराब फैसले देंगी तो उनके खिलाफ अपील होगी और हाईकोर्ट में मुकदमों का बोझ बढ़ेगा। जस्टिस सिंह के अनुसार जज में तीन क्वालिटी होनी चाहिए। वह कानून का अच्छा जानकार हो, मेहनती हो, और उसमें देश के लिए कुछ करने का जुनून हो। उसकी निष्ठा सन्देह से परे होनी चाहिए। विश्वसनीयता होनी चाहिए। यदि जज में ईमानदारी नहीं होगी तो निर्णय के प्रति जनता का विश्वास घटेगा।

देश भर में प्रति 10 लाख लोगों पर 18 जजों का औसत है लेकिन उत्तर प्रदेश में यह औसत और बिगड़ा हुआ है। यहाँ 10.54 लाख लोगों पर 18 जज हैं। एक सेवानिवृत्त जज का कथन है कि न्यायाधीशों की कमी उतनी बड़ी समस्या नहीं है। असली मुद्दा है न्यायाधीशों की योग्यता। न्यायाधीशों की गुणवत्ता बढ़ाये बिना केवल संख्या बढ़ाने से लाभ नहीं होगा। एक योग्य जज जहाँ अधिक मामलों का निष्पादन त्वरित एवं न्यायपूर्ण तरीके से करता है, वहीं दूसरा जज तारीखें देता है, मामले खारिज करता है या गलत निर्णय देता है। दूसरी समस्या यह है कि जहाँ अदालत याचिकाकर्ता को राहत भी देती है, उन फैसलों का अनुपालन नहीं होता। अभी स्थिति यह है कि हारने वाला अपील करता है और जीतने वाला अवमानना। इससे अदालतों पर कार्य का बोझ बढ़ता है।

जज-जनसंख्या अनुपात पर पूर्व अमेरिकी राष्ट्रपति निक्सन की टिप्पणी है—यदि हम अधिक जज, अधिक पुलिस, अधिक वकील तक अपने को सीमित कर लें, जो उसी व्यवस्था में काम करते हैं तो हम ज्यादा लम्बित मामले, ज्यादा विलम्ब, ज्यादा मुकदमे, ज्यादा जेल और ज्यादा अपराधी पैदा करेंगे। न्यायमूर्ति वी.आर. कृष्ण अय्यर ने भी कहा था कि लम्बित मामलों के बढ़ने का असली कारण है उत्तरदायित्व एवं पारदर्शिता का अभाव।

एक सेवानिवृत्त जज के अनुसार उच्च न्यायालय में कई ऐसे जज हुए हैं, जो मामले की सुनवाई के बाद फैसला सुरक्षित रख लेते हैं और बिना निर्णय सुनाये अवकाश ग्रहण कर लेते हैं। कुछ ऐसे भी जज हुए, जिन्होंने सैकड़ों फैसले सुरक्षित रखे और कोई निर्णय नहीं सुनाया। ऐसे मामले दोबारा खोले जोते हैं, जिनसे अनावश्यक विलम्ब तो होता ही है, मुकदमा लड़ने वालों पर भारी आर्थिक बोझ पड़ता है।

उनका कहना है कि स्थगन लेना भी विलम्ब का एक कारण है। हर मामले में एक पक्ष मामले को खींचना चाहता है। पर अदालत अगली तारीख क्यों देती है? इसका एक कारण शायद यह है कि जज खुद तैयार होकर नहीं आते और स्थगन माँगते ही दे देते हैं। देश में दीवानी मामले पीढ़ियों तक तथा फौजदारी के मामले दशकों तक चलते हैं। पुणे में 28 अप्रेल 1966 को बाला साहब पतलोनी को अदालत से उस मामले में राहत मिली, जो उनके पूर्वजों ने पूर्व 1206 में दायर किया था। कोलकाता में 1833 में दायर एक दीवानी मामला अभी तक लम्बित है। अब सर्वोच्च न्यायालय के अनेक निर्णयों से यह व्यवस्था बन चुकी है कि त्वरित विचारण का अधिकार संविधान के अनुच्छेद 21 के तहत जीवन के अधिकार में शामिल है पर हकीकत में स्थिति बहुत बदली नहीं है।

इसके पूर्व इलाहाबाद में हाईकोर्ट के 150वें स्थापना दिवस समारोह में पूर्व मुख्य न्यायाधीश टी.एस. ठाकुर ने न्यायपालिका की विश्वसनीयता पर सवाल उठाया था। हाईकोर्ट के सेवानिवृत्त जज उनकी राय से सहमत हैं। वे न्यायपालिका की स्थापित परम्पराओं

के अवमूल्यन से चिन्तित हैं। उनका कहना है कि हाईकोर्ट और सुप्रीम कोर्ट पर आम लोगों की इन्साफ की आस टिकी रहती है। इस कसौटी पर खरा उतरना जरूरी है। ब्यूरोक्रेसी और राजनेताओं से हाथ मिलाने पर न्यायपालिका स्वतन्त्र नहीं रह सकती। वे कहते हैं कि अदालतों की आलीशान इमारतें तभी सार्थक होंगी जब जनता की न्याय की उम्मीदें पूरी हों, फैसलों में गुणवत्ता आये और हाईकोर्ट की पुरानी शानो-शौकत लौटे।

न्यायपालिका को अफसरों, नेताओं से दूरी बनाकर रखनी होगी। इलाहाबाद हाईकोर्ट की परम्परा थी कि मुख्य न्यायाधीश सामान्यतया मुख्यमन्त्री से नहीं मिलते थे। रजिस्ट्रार जनरल या प्रमुख सचिव न्याय उनके बीच सम्पर्क सेतु का काम करते थे। 26 जनवरी के कार्यक्रम में भी चीफ जस्टिस नहीं जाते थे। पिछले कुछ वर्षों से यह परम्परा टूटी है। जिस समय इलाहाबाद हाईकोर्ट के समारोह में तत्कालीन मुख्य न्यायाधीश के.जी. बालकृष्णन के साथ तत्कालीन मुख्मन्त्री मायावती मंच पर बैठी थीं, तब भी कई जजों ने इस पर उँगलियाँ उठाई थीं।

यह इलाहाबाद हाईकोर्ट ही था जिसने तत्कालीन प्रधानमन्त्री इन्दिरा गाँधी के खिलाफ फैसला सुनाने में हिचक नहीं दिखाई थी। एक सेवानिवृत्त न्यायाधीश का कहना है कि चालीस साल पहले न्यायालयों में पिन ड्राप साइलेन्स रहता था। ज्यादातर जज दिन-रात काम करते थे। अब उनमें ब्यूरोक्रेसी का ग्लैमर आ रहा है। जज को सन्त की तरह होना चाहिए। आप सन्तों जैसा आचरण नहीं कर सकते तो न्यायपालिका में मत आइये, बिजनेस कीजिए, कोई धन्धा कीजिए।

उ.प्र. विधान परिषद् में भाजपा विधायक हृदय नारायण दीक्षित ने एक समाचार-पत्र में प्रकाशित अपने लेख में यह लिखा है कि भारत की सभी संवैधानिक संस्थाएँ किसी न किसी स्तर पर जवाबदेह हैं लेकिन न्यायपालिका आदरणीय होने के बावजूद जवाबदेह नहीं है। हम उसकी कार्यशैली का विवेचन नहीं कर सकते। हम उसकी स्थापनाओं व निर्णयों पर टिप्पणी भी नहीं

कर सकते। मूलभूत प्रश्न यह है कि भारत के संविधान तन्त्र का सबसे भरोसेमन्द न्यायिक निकाय अपनी जवाबदेही का कोई तन्त्र क्यों विकसित नहीं करता? न्यायिक स्वतन्त्रता निश्चय ही भारतीय संविधान का गौरवशाली भाग है, लेकिन जवाबदेही का भी कोई निकाय होना चाहिए और सर्वोच्च न्यायपीठ को इस पर विचार करना चाहिए। इसके साथ-साथ कार्यपालिका, विधायिका और न्यायपालिका को भारतीय जन गण की न्याय भूख शान्त करने का उपाय खोजना ही होगा।

हाईकोर्ट के 150वें स्थापना वर्ष के उपलक्ष्य में लखनऊ खण्डपीठ की नयी बिल्डिंग में आयोजित कार्यक्रम में उपराष्ट्रपति हामिद अंसारी ने कहा, बहुत बार कहा गया है कि विश्वास को गहरा करने के लिए विश्वास के मौलिक तत्त्वों पर पुनर्विचार करना चाहिए। नागरिकों के दृढ़विश्वासों में एक विश्वास कानून का राज (Rule of Law) है। प्रो. केसर उपेन्द्र बख्शी के हवाले से कहा कि कानून का शासन सत्ता को जवाबदेह, शासन को न्यायपूर्ण और राज्य को नीतिपरक बनाने के जनता के संघर्ष का प्रतिबिम्ब है। सुप्रीम कोर्ट ने 1996 में एक मामले में कहा था कि कानून का राज परिणाम में समानता लाने के लिए सामाजिक न्याय का शक्तिशाली साधन है।

उपराष्ट्रपति ने यह भी कहा कि देश में न्यायिक रूप से सक्रिय रहे जस्टिस कृष्णा अय्यर ने 'न्यायिक सक्रियता' की सीमाएँ तय कर दी थीं। उन्होंने नागरिक स्वतन्त्रताओं के अमेरिकी प्रवक्ता एलन बार्थ से सहमति जताते हुए कहा था कि किसी अदालत को प्रसिद्धि की चाहत नहीं रखनी चाहिए। जब न्यायालय प्रसिद्ध होने की इच्छा रखता है तो वह स्वेच्छाचारी व्यवहार की अनुमति देता है। अदालत में लोकप्रियता की चाहत इस बात की गारण्टी नहीं है कि किसी अन्य अवसर पर उनकी अपनी इच्छाएँ नहीं होंगी। लोकतान्त्रिक व्यवस्था में अदालतें तार्किक आधार पर फैसले देकर अपने उत्तरदायित्व का सफलतापूर्वक निर्वहन कर सकती हैं। विवेकपूर्ण विचार सन्तोषजनक नतीजे ला सकते हैं। उन्होंने कहा,

मशहूर वकील फाली एस. नरीमन ने लम्बे अनुभव के आधार पर कहा है कि किसी सामाजिक कार्यक्रम के बिना न्यायाधीश समाज सुधारक न होकर केवल समस्याओं को सुलझाने वाले हैं। वह विकासवादी और उन्नत न्यायपालिका के लिए हाईकोर्ट के साथ सुप्रीम कोर्ट में तीन चौथाई जजों को समस्या सुलझाने वाले और एक चौथाई समाज सुधारक के रूप में देखते थे।

उपराष्ट्रपति ने यह भी कहा कि एक तरफ जनसरकारों के मामले में सुधारात्मक कदम उठाने से न्यायपालिका की सक्रियता सामने आयी है। वहीं न्याय महँगा होता जा रहा है और न्याय मिलने में देरी होती है। न्यायिक जवाबदेही के लिए तन्त्र का अभाव और भ्रष्टाचार के आरोपों ने सन्देह को जन्म दिया है। इससे निराशा बढ़ी है। कहा कि जजों द्वारा निर्णय देते वक्त दिखाया जा रहा अत्यधिक उत्साह भी चिन्ता का विषय है।

उपराष्ट्रपति ने यह भी कहा कि लम्बे समय तक भारत के मुख्य न्यायाधीश रहे एक जस्टिस ने सेवानिवृत्त की पूर्व सन्ध्या पर न्याय में देरी पर राय रखी थी। कहा था, इसके लिए बार-बार होने वाले स्थगन और लम्बे समय तक होने वाले तर्क-वितर्क जिम्मेदार हैं। इनमें हर कारण को दूर किया जा सकता है, बशर्ते न्यायाधीश और अधिवक्ता, समाज चाह ले। जहाँ तक लम्बे तर्क-वितर्क का सम्बन्ध है यह भारतीय बीमारी है। अमेरिकी सुप्रीम कोर्ट में प्रत्येक पक्ष को मौखिक रूप से अपनी बात रखने के लिए केवल 30 मिनट का समय दिया जाता है।

हाल ही में इलाहाबाद हाईकोर्ट के न्यायाधीश न्यायमूर्ति सुधीर अग्रवाल ने इलाहाबाद हाईकोर्ट की स्थापना के 150 गौरवशाली वर्षों के सन्दर्भ में भारत के मुख्य न्यायाधीश तथा बार एसोसिएशन को पत्र लिखकर कहा : *"तमाम समारोहों और कार्यक्रम के जरिए हाईकोर्ट के गौरवशाली वर्षों और उपलब्धियों को याद किया जा रहा है। मगर, इन सबके बीच आम आदमी यह भी पूछ रहा है कि इन डेढ़ सौ वर्षों की यात्रा में उसे क्या हासिल हुआ, सिवाय मुकदमो के फैसलों का वर्षों इन्तजार करने और तारीखें गिनने के।"*

जस्टिस अग्रवाल ने पत्र में लिखा है कि कोर्ट में लाखों मुकदमे विचाराधीन हैं और वादकारी दशकों से न्याय की आस लगाये हैं। हमें कुछ ऐसा करना चाहिए जिससे जनता को एहसास हो कि न्यायपालिका अविलम्ब न्याय देने को गम्भीर है। अपनी उपलब्धियाँ याद करते समय हम वादकारियों को भी उसमें शामिल करें। उन्हें पता चलना चाहिए कि जिनके लिए इस न्यायपालिका का गठन हुआ उनके लिए भी हम कुछ करना चाहते हैं। यदि हम न्याय में गति ला सके तो वह इस समारोह वर्ष की उपलब्धि होगी।

पेशे से सिविल इंजीनियर भगवान जी रैयानी ने सामाजिक समस्याओं के खिलाफ आवाज उठाने के लिए 106 जनहित याचिकाओं को अपना हथियार बनाया। इन याचिकाओं की बदौलत न केवल मुम्बई के 1300 अवैध धर्मस्थलों को ढहवा दिया बल्कि कई सेलिब्रेटीज़ को भी कठघरे में खड़ा कर दिया। लोगों को न्याय दिलाने के मकसद से 2007 में उन्होंने कन्सट्रक्शन के अपने कारोबार को अलविदा कह दिया और 'फोरम फार फास्ट जस्टिस' की स्थापना की। उम्र के जिस पड़ाव में ज्यादातर लोग जिन्दगी से हार मान लेते हैं 75 वर्षीय गाँधीवादी भगवान जी रैयानी ने न्यायिक सुधार की अलख जगाने के लिए 30 जनवरी 2016 से 35 दिन की न्याय यात्रा राजघाट से प्रारम्भ की। कश्मीर से कन्याकुमारी और कच्छ से कोलकाता समेत देश के 170 जिलों से होती हुई न्याय यात्रा 4 मार्च 2016 को दिल्ली पहुँची।

एक समाचार-पत्र में उनका साक्षात्कार छपा भी जिसमें उन्होंने बेबाक होकर न्यायिक व्यवस्था पर अपने विचार रखे। उनका कहना है कि हमारे देश के जस्टिस सिस्टम में ढेरों खामियाँ हैं। हालात ऐसे हैं कि किसी का कोई नुकसान हुआ तो अदालतों से सिर्फ तारीख पर तारीख ही मिलती है, समय पर न्याय नहीं मिल पाता। बाप के सामने मामला दर्ज होता है और न्याय के इन्तजार में बेटे की उम्र भी निकल जाती है, लेकिन फैसला नहीं हो पाता। अपना काम- धन्धा छोड़कर लोग अदालतों के चक्कर काटते हैं, वकीलों के पीछे भागते हैं, पैसा बरबाद होता है, पर न्याय नहीं

मिलता। 1956 में 22 लाख केस भारतीय अदालतों में लम्बित थे जो अब तीन करोड़ बीस लाख हो गये हैं। दिल्ली हाईकोर्ट के पूर्व न्यायाधीश एवं राष्ट्रीय न्याय आयोग के अध्यक्ष रह चुके जस्टिस ए.पी. शाह ने दिल्ली हाईकोर्ट के लम्बित मुकदमों के बारे में कहा था कि इन केसों का निपटारा करने में 466 साल लग जायेंगे। अभी तक शायद किसी की हिम्मत नहीं हुई न्यायपालिका, सरकार और संसद के खिलाफ खड़े होने की। इनका कहना है कि न्याय यात्रा के जरिए पहली बार न्याय व्यवस्था की खामियों को दुरुस्त करने के लिए आन्दोलन किया गया।

न्याय व्यवस्था में प्रमुख खामियों के बारे में पूछे जाने पर इन्होंने कहा कि न्याय प्रक्रिया में देरी और पारदर्शिता की कमी के कारण हमारी न्याय व्यवस्था लोकोपयोगी नहीं रह गयी है। बहुत कम लोगों को पता होगा कि कोई जज पक्षकार (पार्टी) को तीन तारीखों से ज्यादा नहीं दे सकता। तारीख दी जाती है, तो उसका कारण दर्ज होना चाहिए। जो पार्टी तारीख माँगती है उससे जुर्माना वसूला जाना चाहिए। लेकिन शायद ही कोई जज इस नियम का पालन करता हो। मतलब यह है कि जज भी कानून का पालन नहीं कर रहे हैं। दूसरा नियम यह है कि जो लोग गलत तथ्यों के आधार पर केस करते हैं, उन्हें भी कठघरे में खड़ा किया जाय। मगर इस बात का भी पालन नहीं होता।

इस दिशा में सबसे महत्त्वपूर्ण कारण यह प्रतीत होता है कि वादों के निस्तारण के लिए उनकी प्रकृति के आधार पर कानूनन समय सीमा निर्धारित होनी चाहिए और इसके लिए शीर्ष न्यायालय को कठोर निर्देश देने चाहिए। निर्धारित समय सीमा के उल्लंघन को दण्डनीय बनाया जाना चाहिए। निचली अदालतों में पेशकारों द्वारा खुल्लम-खुल्ला तारीख बढ़वाने/लगवाने के लिए सुविधा शुल्क लेने की बहुत पुरानी परम्परा न्यायपालिका पर एक बदनुमा धब्बा है और आम जनता ने इसे कानूनी प्रक्रिया का अभिन्न अंग मानकर आत्मसात कर लिया है। वादों के निस्तारण के लिए यदि कोई समय सीमा कानूनन लागू कर दी जायेगी तो निचली अदालतों में पनपे

इस भ्रष्टाचार पर काफी हद तक रोक लग सकेगी। कारागार में निरुद्ध बन्दियों के लिए वीडियो कॉन्फ्रेंसिंग की व्यवस्था को और व्यापक स्वरूप प्रदान करने पर बन्दियों को कारागार से अदालत लाने और वापस ले जाने की व्यवस्था से छुटकारा मिलेगा। जमानत पर छूटे परिवादियों को केवल तारीख लेने के लिए अदालत बुला कर हस्ताक्षर कराने की वर्तमान व्यवस्था के बेहतर विकल्पों पर विचार करने की भी आवश्यकता है।

बचपन से सुनते आये हैं कि कानून की मंशा यह है कि भले ही 99 दोषियों को छोड़ना पड़े, पर एक भी निर्दोष को सजा नहीं होनी चाहिए। उ.प्र. की जेलों में बहुत बड़ी संख्या में निर्दोष बन्दी बन्द हैं। यह तथ्य चौंकाने वाला है और हमारे लिए चिन्ता का भी विषय होना चाहिए। जेलों में बन्द बन्दियों की औसत आयु 30 वर्ष के आस-पास हैं। अशिक्षा, गरीबी, बेरोजगारी, पुलिस की बर्बरता और उनके द्वारा भारतीय दण्ड संहिता के प्रावधानों के मनमाने ढंग से दुरुपयोग के कारण आज प्रदेश की जेलों में अधिसंख्य बन्दी बन्द हैं। लोक अदालत की व्यवस्था ऊँट के मुँह में जीरे के समान है। निःशुल्क सरकारी लीगल सहायता की योजना लगभग कागजों तक ही सीमित है। छोटी-छोटी चोरी के मामलों में जिनमें कानून में 6 महीने या एक वर्ष की सजा का प्रावधान है, दो-दो साल से अनेक बन्दी कारागारों में बन्द हैं जिनकी सुनवाई करने वाला कोई भी नहीं हैं। हमें ऐसे उपाय करने होंगे जिससे जेलों में बन्द निर्दोष बन्दियों की संख्या में कमी आये। पुलिस की बर्बरता और कानून का दुरुपयोग करने वाले पुलिसकर्मियों के विरुद्ध उदाहरण स्वरूप कुछ मामलों में न्यायालय को कठोर निर्णय लेने होंगे और आवश्यकता पड़ने पर दोषी पुलिसकर्मियों की बर्खास्तगी तक के आदेश देने होंगे। इसमें एक सन्देश जायेगा जिसका प्रभाव निरंकुश हो चुकी यू.पी. पुलिस पर निश्चित रूप से पड़ेगा।

कोई पिता अपनी लाड़ली बेटी की शादी बड़े अरमान से करता है। इस प्रत्याशा में कि उसकी बेटी ससुराल में सुखी रहेगी, अपने सामर्थ्य से अधिक शादी में व्यय करता है। जब लाड़ली बेटी को

दहेज को लेकर सताया जाता है, उसके साथ क्रूरतापूर्ण व्यवहार किया जाता है तथा कभी-कभी उसको जलाकर या अन्य प्रकार से मार डाला जाता है तो निश्चय ही यह अत्यन्त निन्दनीय कृत्य है और इसके लिए दोषियों के विरुद्ध कठोर कार्यवाही की जानी चाहिए। भारतीय दण्ड संहिता 1860 की धारा 498(क) में इसकी व्यवस्था दी गयी है। प्रायः यह देखा जाता है कि वधू पक्ष द्वारा ऐसे मामले में वर पक्ष के सभी सम्बन्धियों का नाम प्रथम सूचना रिपोर्ट में दर्ज करा दिया जाता है। वर पक्ष के जिन सम्बन्धियों का प्रत्यक्ष या परोक्ष रूप से वधू के साथ क्रूरतापूर्ण व्यवहार करने में कोई हाथ नहीं होता है उन्हें भी गिरफ्तार कर जेल भेज दिया जाता है। मैंने जेल में अत्यन्त वृद्ध, शारीरिक रूप से अक्षम एवं जर्जर कुछ दम्पतियों को जेल की सलाखों के पीछे सिसकते हुए देखा है। इस कानून का दुरुपयोग न हो इसके लिए समुचित उपाय ढूँढ़ने होंगे। ऐसे प्रकरणों में पुलिस को गिरफ्तार करते समय एवं न्यायपालिका को जमानत पर विचार करते समय और वस्तुनिष्ठ एवं संवेदनशील होने की आवश्यकता है।

दहेज कानून का दुरुपयोग करने के अनेक दृष्टान्त समय-समय पर सामने आते हैं। हाल ही में केन्द्रीय औषधि अनुसन्धान संस्थान (सीडीआरआई) लखनऊ के पूर्व मुख्य वैज्ञानिक डॉ. बिजायँ कुण्डू का प्रकरण सामने आया जिसमें शादी के लगभग 30 वर्ष बाद आई.पी.सी. के सेक्सन 498(ए) के अन्तर्गत उनकी पत्नी पियू ने दहेज के लिए प्रताड़ित करने का मामला दर्ज कराया। इन दोनो की शादी 1986 में हुई थी और इनके दो बेटे हैं जिनमें से एक कम्प्यूटर इंजीनियर है, दूसरा 20 वर्ष का है। डॉ. कुण्डू का कहना है कि उनकी पत्नी प्रायः उन्हें कई अपशब्द कहती रहती थी। इन सबसे तंग आकर मार्च 2012 में उन्होंने घर छोड़ दिया और अलग रहने लगे। उनकी पत्नी ने दहेज के लिए अर्जी दी और दूसरा आधार पति की हिंसा बताते हुए गुजारे भत्ते का दावा किया। जिस पर अदालत ने अन्तरिम रूप से 15 हजार रुपये मासिक गुजारा भत्ता तय किया और डॉ. कुण्डू को 1.70 लाख रुपये अदा करने पड़े।

डॉ. कुण्डू का कहना है कि उनके ऊपर दहेज कानून के झूठे आरोप लगाये गये। इन आरोपों पर लखनऊ के न्यायिक मजिस्ट्रेट ने उन्हें समन जारी कर दिया। दूसरी ओर उनकी पत्नी ने जवाबी हलफनामे में बताया कि डॉ. कुण्डू ने उनकी सभी चल-अचल सम्पत्तियों पर कब्जा कर लिया है। मामला हाईकोर्ट में पहुँचा तो हाईकोर्ट ने तल्ख टिप्पणी की कि इस प्रकरण में आई.पी.सी. की धारा 498(ए) का इस्तेमाल किसी से बदला लेने या अपना मकसद साधने के लिए दूसरे पक्ष को दबाव में लाने के लिए किया गया है। अदालत ने कहा कि शादी के इतने साल बाद दहेज माँगे जाने की बात सही प्रतीत नहीं होती। अदालत ने डॉ. कुण्डू के खिलाफ दर्ज एफ.आई.आर. खारिज कर दी और डॉ. कुण्डू को मजिस्ट्रेट द्वारा जारी समन रद्द कर दिया। दहेज कानून के दुरुपयोग का एक वाकया बिजनौर जिले में बहू संगीता द्वारा सास राजरानी की बेरहमी से पिटाई, गला घोंटने की कोशिश, किसी वजनी चीज से प्रहार का सचित्र प्रसारण कई टी.वी. चैनलों द्वारा प्रसारित किया गया था जिसे पूरे देश ने देखा। इस वीडियो में बहू की बॉडी लैंग्वेज बेहद भयावह थी। बाद में संगीता को गिरफ्तार किया गया।

मीडिया द्वारा हाईलाइटेड वादों के लिए आई.पी.सी. तथा सी.आर.पी.सी. में कोई पृथक से कानून व प्रावधान नहीं हैं। भारतीय साक्ष्य अधिनियम 1872 में भी ऐसी कोई व्यवस्था नहीं है। न्यायालय को वादों के निस्तारण में मीडिया द्वारा समाज को परोसी गयी मसालेदार सामग्री से प्रभावित नहीं होना चाहिए। हमारे देश की न्यायालीय व्यवस्था इतनी दुर्बल नहीं हो सकती कि उसे मीडिया द्वारा हाईलाइटेड मामलों में किसी वाद का निष्पक्ष निस्तारण करने में संकोच हो।

प्रायः अधिवक्ता अपने मुवक्किलों से यह कहते सुने जाते हैं कि मनमाफिक अदालत बैठने पर उनका मुकदमा दर्ज करायेंगे ताकि उनके वादी को पहली तारीख पर ही अन्तरिम आदेश पाकर तात्कालिक राहत मिल सके। कारागारों में निरुद्ध बन्दी अपने अधिवक्ता के परामर्श पर अच्छी बेंच आ जाने की प्रतीक्षा में महीनों

जमानत की अर्जी तक नहीं डालते हैं और जेलों में एक-एक साल तक पड़े रहते हैं। आप सहमत होंगे कि न्यायालयों के निर्णय उनके व्यक्तित्व और पूर्वाग्रहों से इसीलिए प्रभावित नहीं होने चाहिए कि उनको 'विवेक' की असीमित शक्ति प्रदत्त है। जब न्यायालयों को यह पता है कि जमानत एक अंतरिम राहत है और इसका अभिप्राय विचाराधीन बन्दी को दोषमुक्त किया जाना नहीं है तो न्यायालयों द्वारा अपनाया जाने वाला विवेक इतना भिन्न कैसे हो सकता है। यदि अदालत में प्रतिवादी के विरुद्ध आरोप पत्र दाखिल किया जा चुका है, विवेचना समाप्त हो गयी है, प्रतिवादी के फरार होने की कोई सम्भावना नहीं है, गवाहों को डराने-धमकाने का, अभिलेखों में उसके द्वारा हेरा-फेरी की कोई सम्भावना नहीं है तो वर्षों वर्षों तक जमानत से सम्बन्धित वादों को निस्तारित न करने से लम्बित वादों की संख्या में निरन्तर वृद्धि स्वाभाविक है। जमानत प्रकरणों के निस्तारण में दुर्दान्त अपराधी और समाज के लिए खतरा बन चुके शातिर के प्रकरण अपवाद हो सकते हैं। सन्तुष्ट न होने पर जमानत याचिका खारिज करने का अधिकार तो उनके पास है ही, फिर यह अनिर्णय की स्थिति निर्दोष व पुलिस की बर्बरता और कानून की खामियों के शिकार विचाराधीन बन्दियों के लिए क्या पीड़ा का विषय नहीं हैं? जेलों में अनेक नौजवान जमानत की आशा में वर्षों-वर्षों तक जेल में निरुद्ध रहते हैं। ऐसा भी होता है कि मुकदमा खत्म होने पर पता चलता है कि वे निर्दोष थे, उनकी गलती सिर्फ इतनी थी कि या तो वे इतने निर्धन थे कि अपने मुकदमे की पैरवी नहीं कर सके थे या उन्होंने किसी राजनेता या पुलिसकर्मी से पंगा ले लिया था। क्या कोई बतायेगा कि उनकी सारी जवानी के जो वर्ष नाहक ही उन्हें जेल में खर्च करने पड़े, उन्हें कोई वापस लौटा पायेगा?

दिल्ली के निर्भया कांड के बाद आई.पी.सी. की धारा 376 के प्रावधानों को कठोर किया गया था और आजीवन कारावास तथा मृत्युदण्ड तक की व्यवस्था इस प्रावधान के अन्तर्गत दण्ड के रूप में की गयी थी। महिला उत्पीड़न तथा यौन शोषण को नियन्त्रित करने

के लिए यह एक स्वागत योग्य कदम उठाया गया था।

इस कानून के दुरुपयोग की भी अनेक घटनाएँ संज्ञान में आयी हैं। बड़े शहरों में जब लड़कियाँ खुलेआम शराब और सिगरेट पीती देखी जा सकती हैं तो कम से कम शहरों की पढ़ी-लिखी यह लड़कियाँ अबला नहीं कही जा सकतीं। अनेक ऐसे मामले हैं जिनमें लड़कों को अपने प्रेमजाल में फँसाकर मौज-मस्ती करती हैं और बाद में लड़कों का आर्थिक शोषण एवं ब्लैकमेलिंग कर धारा 376 के अन्तर्गत मुकदमा दायर करने की धमकी देती हैं। अनेक मामलों में न्यायालय ने ऐसे फर्जी मुकदमों में आरोपी को दोषमुक्त भी किया है। इस कानून के दुरुपयोग को रोकने के उपाय खोजने होंगे। जेण्डर न्यूट्रेलिटी की दिशा में सोचना होगा। इस कानून का दुरुपयोग कर फर्जी मुकदमे दायर करने वालों को कुछ माह की कारावास की सजा देकर एक अच्छा सन्देश दिया जा सकता है।

किसी व्यक्ति को जान से मार डालने से बड़ा अपराध कदाचित् कोई और नहीं हो सकता। यह दुर्भाग्यपूर्ण है कि धन और बड़े वकील अपने बुद्धि चातुर्य का प्रयोग कर कानून की खामियों का लाभ उठाकर इतने गम्भीर अपराध को अंजाम देने वाले अपराधियों को जमानत पर रिहा कराने में सफल हो जाते हैं।

दूसरी ओर आर्थिक मामलों और महिला उत्पीड़न के मामलों में जमानत पर विचार करते समय न्यायालय मीडिया के प्रचार-प्रसार से प्रभावित दिखते हैं। ऐसे आरोपियों की जमानत मिलने में सालों लग जाते हैं। जरूरी नहीं है कि ऐसे सभी मामले सही हों और उनमें दोष सिद्ध होने की पूरी सम्भावना हो।

जेल में सजा की लम्बी मियाद पूरा करने वाले ऐसे वृद्ध कैदियों को सजा पूरी होने के पूर्व छोड़ने का प्रावधान है जिनका आचरण अच्छा रहा हो। किन्तु इसकी प्रक्रिया इतनी जटिल है कि पूरे प्रदेश में शायद कुछ कैदी ही इसका लाभ उठा पाये। जेल अधिकारियों द्वारा ऐसे कुछ कैदियों को चिह्नित किया जाता है जिसका परीक्षण जिलाधिकारी की अध्यक्षता में गठित समिति द्वारा किया जाता है और इस समिति की अनुशंसा शासन को निर्णय हेतु प्रेषित की

जाती है। सामान्यतः ऐसे प्रकरणों में या तो बहुत लम्बा समय लग जाता है या अनिर्णय की स्थिति में बहुत अधिक समय बर्बाद हो जाता है जिसमें इस सुविधा की प्रासंगिकता पर ही प्रश्नचिह्न लग जाता है। इसी प्रकार कैन्सर से पीड़ित और दोनों गुर्दे खराब हो जाने पर जेल से रोज डायलिसस हेतु अस्पताल भेजने के प्रकरण देखने को मिले, जिनके सम्बन्ध में कोई नियम बनाये जाने की आवश्यकता है क्योंकि ऐसे बन्दी/कैदियों को कारागार में बनाये रखने का कोई औचित्य नहीं है और शासन पर अनावश्यक व्यय भार पड़ता है।

कारागारों में ऐसे अनेक बन्दी निरुद्ध हैं जिनको न्यायालय द्वारा जमानत स्वीकृत की जा चुकी है पर इनमें इतना आर्थिक सामर्थ्य नहीं है कि यह जमानत की राशि भर सकें। क्या इनकी निर्धनता इन्हें स्वतन्त्र हवा में साँस लेने से भी रोक लेगी? हो सकता है यह बाद में निर्दोष निकले। इस सम्बन्ध में विकल्पों की तलाश किये जाने की आवश्यकता है।

घर में कमाई करने वाले अकेले व्यक्ति द्वारा परिस्थितियों या अन्य कारणों से हत्या जैसे गम्भीर अपराध के लिए न्यायालयों द्वारा आजीवन कारावास या लम्बी सजा सुनाई जाती है। निःसन्देह ऐसे व्यक्ति के साथ सहानुभूति दर्शाना सर्वथा अनुचित होगा। अपराध का कारण चाहे जो रहा हो पर उसका परिवार, जिसका इस अपराध से कोई लेना-देना नहीं है, उसे इसकी सजा देना क्या समीचीन होगा? सरकार और स्वैच्छिक संस्थाओं को इनकी सहायता के लिए आगे आना होगा ताकि परिवार के सदस्यों की रोटी की समस्या के साथ-साथ बच्चों की शिक्षा की व्यवस्था हो सके और उन्हें अपराध की दुनिया में प्रवेश करने से रोका जा सके। लम्बी सजा काटकर वापस लौटे व्यक्तियों के पुनर्वास की भी व्यवस्था करने पर विचार करना होगा।

कारागार में दो प्रकार के व्यक्तियों को निरुद्ध किया जाता है—एक वह जिन्हें सजा पड़ चुकी है और उन्हें कैदी कहा जाता है दूसरे वह जिनके प्रकरण न्यायालय में विचाराधीन हैं उन्हें बन्दी

कहा जाता है। विचाराधीन बन्दी न्यायालय द्वारा निर्देशित किये जाने पर न्यायिक अभिरक्षा (ज्यूडिशियल कस्टडी) में होते हैं और उनसे सम्बन्धित सभी प्रकरणों को न्यायालय द्वारा ही व्यवस्था कर निर्णीत किया जाता है। यदि किसी ऐसे विचाराधीन बन्दी के सगे सम्बन्धी का निधन हो जाता है या उनके पुत्र/पुत्री का विवाह सम्पन्न होना होता है तो ऐसे बन्दी को न्यायालय से अनुमति लेकर अन्तिम संस्कार या विवाह में सम्मिलित होने के लिए कस्टडी पेरोल की आवश्यकता पड़ती है किन्तु नियमों में कोई स्पष्ट व्यवस्था न होने के कारण विचाराधीन बन्दियों को कस्टडी पेरोल के आदेश नहीं मिल पाते हैं। वहीं दूसरी ओर कैदियों के लिए जिलाधिकारी को यह अधिकार है कि वह कस्टडी पेरोल के ओदश दे सकता है। कोई व्यक्ति अपने सगे सम्बन्धी के अन्तिम संस्कार में शिरकत न कर सके या कोई पिता अपनी पुत्री के विवाह में कन्यादान न कर सके इससे ज्यादा दुर्भाग्यशाली स्थिति और क्या हो सकती है? न्यायपालिका को इस पर विचार करना चाहिए।

चोरी और पाकेटमारी जैसे छोटे अपराध में कई बन्दी अपनी निर्धनता और पैरवी के अभाव के कारण वर्षों से जेलों में बन्द हैं। इनकी सुध लेने वाला कोई नहीं है। लोक अदालतों के माध्यम से इनके लिए कुछ करने का प्रयास जरूर किया गया किन्तु वह नितान्त अपर्याप्त और ऊँट के मुँह में जीरे जैसा है।

क्या कभी किसी ने लम्बी सजा काट रहे बन्दियों के वर्षों से बिछड़े परिजनों की पीड़ा को जानने का प्रयास किया है? उनके परिवार की महिलाएँ और छोटे-छोटे मासूम बच्चों का क्या होता है जो संविधान में वर्णित मौलिक अधिकारों से तो वंचित हैं ही अपने आपको जीवित रखने के लिए भरण-पोषण की चुनौतीपूर्ण लड़ाई लड़ रहे हैं। इस सम्बन्ध में सरकार के साथ-साथ समाजसेवी संस्थाओं को आगे आना चाहिए।

कैदियों की एक श्रेणी वह भी है जो सजा काट चुके हैं पर जुर्माने की राशि न जमा कर पाने के कारण जेल में हैं। कुछ अच्छे व नेक जेल अधिकारियों ने व्यक्तिगत सम्पर्कों का लाभ उठाकर

बहुत से कैदियों के जुर्माने की रकम जमा करा कर उन्हें रिहा कराने का सराहनीय प्रयास किया है। इस सम्बन्ध में ऐसे विकल्प खोजने होंगे जिससे ऐसे कैदियों को राहत मिल सके।

जनता की न्यायपालिका के प्रति बढ़ी हुई अपेक्षाएँ अदालतों के समक्ष आज गम्भीर चुनौती के रूप में विद्यमान हैं। देश की शीर्ष अदालत को न्यायिक प्रक्रिया में व्याप्त खामियों को दूर करने के लिए चिन्तन कर अत्यन्त कठोर निर्णय व निर्देश देने होंगे और उनका अनुपालन सुनिश्चित करना होगा। न्यायपालिका को यह विश्वास दिलाना होगा कि उनके साथ न्याय होगा और वह भी समय से।

□□